LA POLITIQUE

DU CHEVALIER

BACON,

CHANCELIER

D'ANGLETERRE.

SECONDE PARTIE.

A LONDRES,

Chez Jacques Tonsson

1742.

DU CONSEIL.

LA plus grande marque de confiance qu'on puisse donner à un homme, c'est de le choisir pour son conseil ; on peut remettre entre les mains d'un autre, sa personne, son bien, ses enfans, & même son honneur ; mais nous remettons toutes ces choses ensemble à la discretion de ceux que nous choisissons pour nous conseiller. Il est juste que de leur côté ils soient intégres, & qu'ils nous gardent une fidélité à toute épreuve.

Lorsqu'un Prince sage se forme un Conseil de personnes d'élite, il ne doit pas craindre que son autorité en soit affoi-

blie, ni sa capacité soupçon-
née, puisque Dieu même a son
Conseil, & que le nom le plus
recommandable qu'il ait donné à son Fils, est celui de Conseiller. Salomon nous dit sur
ce sujet: *In consilio stabilitas.* Il
est certain que les affaires doivent être agitées & débattues
plus d'une fois dans un Conseil; sans quoi elles ne sont
point fermes ni stables, & mar-
chent, pour ainsi dire, d'un pas
chancelant comme les personnes yvres.

L'expérience apprit au fils
de Salomon quelle étoit la force du Conseil, de même que
son pere en avoit senti la nécessité; car ce Royaume chéri
de Dieu ne fut d'abord déchiré
& ensuite ruiné que par un
mauvais conseil, sur lequel il y
a deux remarques à faire pour
notre instruction, & qui nous

ferviront à démêler & à connoître quels font les mauvais
Confeils. La premiere, eft que
ce Confeil fut formé de jeunes
gens. La feconde, qu'il fut très-
violent dans fes déliberations.

La fageffe des Anciens paroît
dans une fable qui a été inven-
tée, pour montrer que les Rois
ne doivent point agir fans Confeil, & qui nous apprend en
même tems la maniere fage &
politique dont ils doivent s'en
fervir. Ils difent que Jupiter
époufa Metis, qui fignifie Confeil; & par-là ils nous donnent
premierement à entendre que
la Souveraineté & le Confeil
doivent être mariés enfemble.
En fecond lieu, voici comme
ils s'expriment: Quand Jupiter
eût époufé Métis, elle devint
groffe de lui; & ce dieu n'aiant
pû attendre qu'elle accouchât,
la dévora, après quoi il accou-

cha lui-même ; de façon que
Pallas sortit de sa tête toute
armée. Cette fable, quelque
monstrueuse qu'elle paroisse ,
renferme un des secrets du
Gouvernement, & nous ap-
prend de quelle maniere les
Rois doivent se comporter avec
leurs Conseils d'Etat. Premié-
rement ils doivent laisser débat-
tre les affaires, ce qui se rapporte à la premiere conception.
En second lieu , lorsqu'elles
auront été discutées & digé-
rées, comme dans le sein du
Conseil, & qu'elles seront en
état d'être mises au jour, alors
le Prince ne doit pas permettre
à son Conseil de passer outre,
ni de rien résoudre de sa seule
autorité : au contraire il faut
qu'il ramene toute l'affaire à
lui, & que le public soit per-
suadé que les ordonnances &
les arrêts qu'on peut comparer

à Pallàs armée, parce qu'ils font prononcés avec prudence & autorité, émanent uniquement du chef; & il faut non-feulement pour l'honneur de la puiffanee qu'il a en main, mais auffi pour relever fa réputation, que le peuple foit perfuadé que tout fe fait de fa pure volonté, & par fon propre jugement.

Voions maintenant les inconveniens d'un Confeil, & les remédes qu'on peut y apporter. Les inconveniens qui fe préfentent font au nombre de trois. Le premier, que les affaires en font moins fecretes. Le fecond, que l'autorité du Prince en paroît affoiblie, comme s'il ne fe fentoit pas une capacité fuffifante pour fe conduire fans Confeil. Et enfin le troifiéme, eft le danger des Confeils perfides qui tendent à l'avan-

tage de celui qui les donne ,
plus qu'à celui du maître qui
les reçoit.

Pour éviter ces inconvé-
niens, quelques Italiens & les
François fous le regne de quelques-uns de leurs Rois, ont introduit des Conseils secrets ,
qu'on nomme ordinairement
du Cabinet : reméde souvent
beaucoup plus dangereux que
le mal.

A l'égard du secret , les Princes ne font pas obligés de le
communiquer ; & il n'est pas
néceſſaire , lorsqu'ils mettent
une affaire en délibération ,
qu'ils faſſent connoître ce qu'ils
ont envie de resoudre : au contraire, ils doivent bien prendre garde de ne pas se laiſſer pénétrer.

Pour ce qui regarde le Confeil, que nous appellons du Cabinet, on peut lui appliquer

ces paroles : *Plenus rimarum
sum*. Et certainement une personne qui tirera vanité de sçavoir le secret des affaires, est
un conseiller seul plus dangereux que plusieurs autres, qui
parmi beaucoup d'autres im-
perfections, n'auroit pas celle-
là. Il est bien vrai qu'il y a certaines affaires qui éxigent un
très-grand secret ; en ce cas,
la connoissance n'en doit venir
qu'à une ou deux personnes,
outre le maître, & ordinairement ces sortes d'affaires ont
un heureux succès : car outre
qu'elles sont menées sécrete-
ment, elles s'éxécutent avec
fermeté, & se dirigent presque par le même esprit & una-
nimement : mais il faut que le
Roi soit prudent & ferme ; il
faut aussi que ceux qui entrent
dans ce Conseil, soient sages,
& sur toutes choses fidéles aux

vûes que le maître se propose.
C'est précisément ce qui arriva
sous le régne d'Henri VII. Roi
d'Angleterre, qui ne confioit
jamais ses affaires les plus importantes qu'à deux personnes,
Morton & Fox.

A l'égard de l'affoiblissement
de l'autorité, la fable apprend
le moyen d'y remedier ; & il
est certain que si les Rois assis-
tent en personne aux Conseils,
la Majesté en reçoit plûtôt de
l'éclat, qu'elle n'en est affoiblie :
ajoûtez aussi qu'on n'a jamais
vû qu'un Conseil diminuât l'autorité d'un Souverain, à moins
qu'un seul n'ait pris trop de
crédit, ou qu'il ne régne une
trop grande intelligence entre
plusieurs ; mais ces deux maux
sont bien-tôt découverts, & il
est aisé d'y remédier.

A l'égard du dernier inconvé-
nient, sçavoir que les Minis-

tres en donnant leurs avis, auront plus d'égard à leurs propres intérêts, qu'à ceux de leur
maître, ce paffage de l'Ecriture, *non inveniet fidem fuper terram*, fe doit entendre de la nature des tems, & non pas de
chaque perfonne en particulier ; car il fe trouve des fujets
fidéles, fincéres, vrais, fans dé-
tours, & fans rufes. Les Princes, avant tout, doivent s'attacher de tels perfonnages ; d'ailleurs, on voit rarement des Miniftres fi unis entr'eux, qu'ils
ne s'éxaminent de près l'un
l'autre ; de forte que s'il y en a
quelqu'un qui donne des confeils captieux, ou qui tendent
à fes fins particuliéres, le maître en fera bien-tôt inftruit. Le
reméde fera que les Princes
s'attachent à connoître leurs
Miniftres, de même que ceux-
ci s'appliquent à le pénetrer :

Principis est virtus maxima nosse
suos. Sans compter qu'il n'est
ni convénable, ni décent à des
sujets que le Prince honore de
sa confiance, de chercher à le
pénétrer, il est de leur devoir de
s'appliquer davantage au bien
de ses affaires, qu'à développer
ses mœurs & ses inclinations ;
& sur ce principe ils travaille-
ront à lui donner de bons conseils, plûtôt qu'à le flater &
à lui complaire.

Si les Princes reçoivent les
avis de chacun de leurs conseil-
lers séparément, aussi-bien qu'-
en corps, cela peut leur être
d'un très-grand fruit. Un avis
donné en particulier, est bien
plus libre : au lieu qu'en public on a plus d'égards & de
circonspection. En particulier, chacun se laisse aller à son
propre sentiment. En public
on est plus sujet à l'humeur

d'autrui ; c'eſt pour cela qu'il
eſt à propos de s'aider de ces
deux moyens : traiter les affaires avec ceux qui ne ſont pas
du premier rang en particulier, pour ne rien ôter à leur
liberté , & en plein Conſeil
avec les grands, pour les mieux
tenir dans les bornes du reſ-
peƈt.

Il n'eſt d'aucune utilité à un
Prince d'être conſeillé ſur l'é-
tat de ſes affaires, s'il ne fait
en même-tems refléxion ſur les
perſonnes qu'il emploie. Toutes les affaires ſont comme des
images muetes ; mais l'ame de
l'aƈtion eſt principalement dans
le choix des ſujets, & il ne ſuffit pas de délibérer ſur le choix
des perſonnes, ſelon les eſpé-
ces , comme dans certaines
idées, ou deſcriptions mathématiques : par exemple, quel
doit être le caraƈtére & la con-

dition de la perfonne ; car par
là il en réfulteroit plufieurs
abus : au lieu que le vrai jugement doit principalement rou-
ler fur le choix des individus.
Il ne faut pas oublier ceci non
plus, *Optimi Confiliarii mortui.*
Les livres ne fardent point la
vérité : au lieu que ceux qui
donnent des confeils, peuvent
facilement fe laiffer entraîner
à la flaterie. Il fera donc très-
utile de lire beaucoup, fur-
tout les auteurs qui ont eû entre leurs mains le maniement
des affaires.

Aujourd'hui les Confeils dans
beaucoup d'endroits, ne font
qu'une efpéce d'affemblée, ou
une converfation familiére, où
l'on difcourt des affaires, plûtôt qu'on ne les difcute ; & la
plûpart du tems on fe hâte trop
d'aller à la conclufion. Il vaudroit beaucoup mieux dans les

affaires de grande importance, qu'on prît un jour pour les propofer, & que la décifion fût renvoiée au lendemain, *In noƈte Confilium.* C'eft ainfi qu'on en ufa dans le traité d'union propofé entre l'Angleterre & l'Ecoffe. Cette affemblée fe paffa avec toute la régularité & tout l'ordre poffible. J'approuve fort auffi qu'on deftine certain jour fixe pour les requêtes des particuliers : par-là les demandeurs auront un tems marqué, auquel il leur fera facile de s'ajufter, & où ils fe rendront plus commodément. Par ce moyen auffi les affemblées qui doivent traiter des grandes affaires, ne feront point diftraites par les petites, & pourront tranquillement *hoc agere.*

Dans le choix des Commiffaires qui doivent rapporter des

affaires au Conseil , il vaut
mieux emploier ceux qui font
indifférens , & qui ne panchent
pour aucun parti , que de pré-
tendre établir une forte d'égalité , en chargeant différentes
perfonnes de défendre chacun
fon parti.

J'approuve auffi les Commiffaires , non-feulement pour un
tems , ou pour une affaire non
entendue , mais pour celles qui
font perpétuelles & ordinai-
res , comme par exemple , celles qui regardent le commerce,
les finances, la guerre, les gratifications, les requêtes, & les
Provinces particuliéres. Dans
prefque tous les pays où il y a
plufieurs Confeils fubordonnés
& un feul Confeil fuprême ,
comme en Efpagne, ces fortes
de Confeils ne font que des com-
miffions perpétuelles, ainfi que
nous l'avons dit, mais revétuës
d'une

d'une plus grande autorité.

S'il arrive que le Conseil ait besoin d'être informé par des personnes de différentes professions, comme par des Jurisconsultes, des gens de mer, des traitans, des marchands, des artisans, &c. il faut que ces gens-là soient oüis premierement par les Commissaires, & ensuite par le Conseil, suivant que l'occasion le demandera. Au surplus il ne doit pas leur être permis de paroître en foule ; car ce seroit plûtôt fatiguer l'assemblée, que l'instruire.

Une table longue ou ovale, des siéges autour de la chambre, sont des choses essentielles, quoiqu'elles ne semblent appartenir qu'à la forme ; car à une table longue, ceux qui sont assis au haut bout, emportent bien souvent l'affaire ; au lieu qu'à une table ovale, ceux qui sié-

II. Partie. B

gent les derniers , font auffi à l
portée que les autres de faire
valoir leurs avis.

Lorfque le Roi affiftera au
Confeil en perfonne , qu'il
prenne garde de ne point donner à connoître plûtôt qu'il ne
faut, fon fentiment fur l'affaire
dont il s'agit. S'il fe laiffe pénétrer , tous les affiftans s'ap-
pliqueront à lui plaire ; & au
lieu de donner des avis finceres
& libres, ils chanteront, *Pla-
cebo.*

DE L'AMITIE'.

CELUI qui a dit qu'il faut que l'homme qui cherche la folitude , foit une bête fauvage , ou un dieu , ne pouvoit guéres en moins de paroles mettre enfemble plus de vérités & plus de menfonges ; car il eft certain que celui qui a de l'averfion pour la fociété des hommes , tient en quelque façon de la bête. Mais auffi il eft très-faux qu'il entre quelque chofe de divin dans le caractére de celui qui montre un fi grand éloignement pour les hommes , à moins que ce ne foit l'effet , non du contentement qu'il trouve dans la folitude , mais d'un extrême défir de fe féparer

B ij

de toute compagnie mortelle,
pour chercher une communi-
cation plus digne & plus re-
levée : c'eſt de cette ſorte d'en-
tretien céleſte dont quelques
Payens ſe ſont vantés fauſſe-
ment de joüir. De ce nombre
ont été Epimenides de Créte,
Empedocles de Sicile, & Apollonius de Thyanée ; mais nous
pouvons dire avec vérité, que
pluſieurs des anciens Anacho-
retes & des Peres de l'Egliſe,
ont joüi en effet dans les dé-
ferts de cette félicité. La plûpart des hommes ne comprenn-
nent guéres ce que c'eſt que la
ſolitude, ni en quoi elle conſiſte ; car une foule de peuple &
de différens viſages, peut ſe regarder comme une galerie or-
née de quantité de portraits. Il
en eſt de même des diſcours
de tant de perſonnes qui n'ont
pour nous ni affection ni ami-

tié , qui ne flattent pas plus
l'oreille que les fons d'un mauvais inftrument ; & tout ceci fe
rapporte affez au proverbe qui
dit , *qu'une grande ville eft une
grande folitude* ; parce que fouvent dans une grande ville , les
amis font écartés les uns des
autres , & ne peuvent fe voir
que difficilement. A cela nous
pouvons ajoûter qu'il n'y a
point de folitude pareille à celle de l'homme qui n'a point
d'amis, fans lefquels le monde
n'eft proprement qu'un défert :
ainfi il faut néceffairement que
celui qui n'eft pas capable d'a-
mitié , tienne de la bête beaucoup plus que de l'homme.

Les fruits principaux de l'a-
mitié , font de foulager les douleurs & de calmer les inquiétudes. Les obftructions & les
fuffocations , font les plus dan-
gereufes maladies pour le

corps, & de même auſſi pour
l'eſprit. On peut prendre de la
teinture de roſe, pour l'opila-
tion du foye ; de l'acier, pour
la rate ; de la fleur de ſoufre,
pour le s poulmons ; *du caſto-*
reum, pour fortifier le cerveau :
mais pour remettre & entretenir le cœur dans ſon état naturel, il n'eſt de meilleur reméde qu'un véritable ami, auquel on puiſſe communiquer
ſes douleurs, ſes joies, ſes afflictions, ſes appréhenſions,
ſes ſoupçons, & généralement
tout ce qu'on reſſent avec plus
de vivacité.

Il eſt merveilleux de voir
combien les Princes & les Rois
font cas de cette amitié dont
nous parlons. C'eſt ſouvent au
point de mettre au hazard leur
vie & leur autorité, dans le déſir qu'ils ont de s'en aſſurer ; car
les Princes ne peuvent l'acque-

rir par la différence qu'il y a de
leur fortune à celle de leurs fujets, s'ils n'en élevent quelqu'-
un à leur portée, & s'ils n'en
font, pour ainfi dire, leur égal,
& leur compagnon ; ce qui eft
fujet pour eux à bien des inconveniens. Les langues modernes
appellent les amis des Princes,
Favoris, ou *Privados* , comme
fi elles vouloient marquer que
ce n'eft de leur part qu'une
grace ou faveur, ou une fim-
ple permiffion d'approcher de
leur perfonne avec plus de liberté : mais le terme des Romains en marque bien mieux
l'ufage & la vraie caufe. Ils les
nomment , *participes curarum* ,
& en effet c'eft ce qui refferre
particulierement le nœud de
l'amitié, & nous voions claire-
ment, que non feulement les
Princes foibles & fujets aux
paffions ont recherché cette

amitié, mais auffi les plus fages
& les plus grands politiques. Il
y en a eu qui ont favorifé quelques-uns de leurs ferviteurs à
un fi haut point, qu'ils leur ont
donné, & ont reçu réciproque-
ment le nom d'ami. Ils ont même permis qu'on usât de même
terme en leur préfence, &
pour les défigner l'un à l'autre.
Du tems que Sylla comman-
doit à Rome, il éleva Pompée, qui depuis eut le nom de
Grand, à un fi haut point d'autorité, que Pompée ofa fe van-
ter dans la fuite, d'être plus
puiffant que Sylla ; car, après
qu'il eût obtenu le Confulat
pour un de fes amis, contre la
volonté & malgré les brigues de
Sylla, celui-ci en ayant marqué
fon dépit en parlant à Pompée,
Pompée lui impofa filence en
quelque forte ; car il termina
la converfation en lui difant
que

que la plûpart des hommes
adoroient le foleil levant , plûtôt que le couchant. Decius
Brutus eut tant de part à l'amitié de Céfar , qu'il le nomma
fon héritier après fon neveu ,
& il eut le crédit de l'attirer
au Sénat où les conjurés l'at-
tendoient pour lui donner la
mort ; car Céfar étoit dans le
deffein de renvoyer le Sénat ,
à caufe de quelques mauvais
préfages, & fur-tout d'un fonge de fa femme Calpurnie :
mais Brutus le foulevant doucement de fa chaife , lui dit ;
qu'il efpéroit qu'il n'attendroit
pas que fa femme fît de bons
fonges pour aller au Sénat. Il
étoit fi avant dans les bonnes
graces de Céfar , qu'Antoine
dans une lettre rapportée mot
à mot par Cicéron , l'appelle
l'*Enchanteur* , *le Sorcier* , comme s'il eût voulu dire , qu'il

II. *Partie.*   C

avoit charmé Céfar. L'hiftoire
remarque qu'Augufte éleva A-
grippa, quoique d'une naiffance obfcure, à un fi haut dégré d'honneur, qu'aiant con-
fulté un jour avec Mecénas fur
le choix qu'il vouloit faire d'un
mari pour fa fille Julie, Mecénas prit la liberté de lui dire
qu'il falloit qu'il la mariât avec
Agrippa, ou qu'il le fît mourir; qu'il n'y avoit point de milieu, au point d'élevation où il
l'avoit mis. Séjan étant parvenu à une fi grande amitié avec
Tibére, qu'on parloit de l'un
& de l'autre comme s'ils n'a-
voient été qu'une même perfonne : & l'on trouve dans une
lettre que Tibére lui écrivit,
hæc pro amicitia noftra non occul-
tavi. Auffi le Sénat pour con-
facrer cette grande affection
de l'Empereur pour Séjan, fit
élever un autel à l'amitié, com-

me à une Déesse. Il y eut encore une extrême amitié entre
Septimus Severus & Plantianus; car Septimus obligea son
fils aîné à épouser la fille de
Plantianus qu'il soutenoit en
toutes occasions, pendant même qu'il maltraitoit extrême-
ment son fils. Il écrivit aussi
une lettre au Sénat, dans laquelle il y avoit ces paroles :
*J'aime tant cet homme , que je
souhaite qu'il me survive.* Si ces
princes eussent été de l'humeur
de Trajan ou de Marc-Aurele ,
on pourroit attribuer cette ten-
dresse à un excès de bon naturel ; mais ceux dont je parle ,
étant si politiques & si sévéres,
on peut juger qu'ils trouvérent
que leur félicité, quoique mon-
tée en apparence au plus haut
point, seroit cependant imparfaite , s'ils ne faisoient choix
d'un ami. Et ce qu'il y a en-

core de plus remarquable, c'est si
que ces Princes avoient des 2s
femmes, des fils & des ne--
veux ; tout cela cependant ne 5
peut pas suppléer à la douceur 1
qui se trouve dans le commer- -
ce d'un véritable ami.

Je ne dois pas oublier ici i
ce que Philippe de Comines 2
remarque du Duc Charles le 6
Hardy son premier maître ; il 1
ne voulut jamais, dit-il, com--
muniquer ses affaires à personne qui vive, & encore moins les i
choses qui le travailloient dans i
l'ame. Il ajoûte que cette humeur cachée augmenta encore
dans les derniers tems de sa vie,
& contribua à déranger son entendement : mais vraisemblablement Comines ne se fut pas
trompé, s'il eût encore porté
le même jugement de Louis
XI. son second maître, à qui
cette humeur sombre & cachée

servit de bourreau sur la fin de ses jours.

Je trouve cette expreſſion ſymbolique de Pitagore fort obſcure, & cependant vérita- ble : *Cor ne edito*, ne mange point ton cœur ; comme s'il vouloit dire par cette maniere ſauvage de s'expliquer, que ceux qui manquent de vrais amis avec leſquels ils puiſſent communiquer, ſont des Can- nibales de leur propre cœur. Il y a une choſe admirable dans ce commerce de l'amitié ; c'eſt que cette union, & cette commu- nion d'un ami produit deux effets contraires, qui ſont de redoubler la joie, & de dimi- nuer les afflictions ; car il n'y a perſonne qui en faiſant part à ſon ami de ce qui lui arri- ve d'heureux, ne ſente aug- menter ſa joie par le recit qu'il en fait : & au contraire celui qui, pour ainsi dire, verse son cœur dans le sein de son ami, en lui racontant ses douleurs & ses afflictions, en sent diminuer le poids. Cela supposé, on peut dire avec raison que l'amitié produit dans l'esprit de l'homme les mêmes effets que les Alchimistes attribuent ordinairement à leurs poudres, & à leurs élixirs, dont les opérations (si on les en veut croire) bien que contraires en elles-mêmes, sont cependant toûjours utiles à la santé & à la conservation de la nature. Mais pour prouver les avantages de l'amitié, nous n'avons pas besoin de recourir aux opérations de l'Alchimie ; le cours ordinaire des choses naturelles peut en servir de preuve suffisante : car nous voions que dans le corps, l'union nourrit & fortifie les actions naturelles, &

au contraire elle affoiblit & arrête les impulfions violentes.
L'union des efprits produit le
même effet.

Le fecond fruit de l'amitié
eft auffi utile pour éclairer l'entendement , que le premier
pour calmer les paffions de
l'ame. C'eft l'amitié feule qui
diffipe les nuages & les broüillards qui nous offufquent. C'eft
elle qui donne une vraie lumiere à l'efprit , en chaffant
bien loin la confufion & l'obf-
curité de nos penfées ; & ceci
ne doit pas s'entendre feulement d'un fage & fidele confeil
qu'un homme reçoit de fon
ami. Mais il eft certain que celui qui a l'efprit agité & broüillé de plufieurs penfées , fentira
fortifier fon entendement & fa
raifon , quand il ne feroit fim-
plement que difcourir avec fon
ami , & lui rendre compte de

ce qui l'occupe ; car il débat ses
penfées , il les range avec plus
d'ordre , il voit mieux quelle
face elles ont , quand elles font
exprimées par des paroles : enfin il devient, pour ainfi dire,
plus prudent que foi-même ; &
un raifonnement d'une heure
fera plus d'effet fur fon entendement , que la méditation
d'un jour entier.

Thémiftocles eut raifon de
dire au Roi de Perfe , que les
difcours des hommes font femblables à des tapifferies dé-
ploiées & tendues, où l'on voit
fans peine les figures & les
portraits qu'elles contiennent ;
mais que leurs penfées reffemblent à des tapifferies ploiées
& empaquetées. Ce fecond fruit
de l'amitié qui confifte à nous
ouvrir l'efprit, ne paroît avoir
lieu qu'avec les amis d'un jugement fupérieur.   Cependant

l'homme en se communiquant à un autre, peut s'instruire lui-même, en mettant ses pensées au jour : il les voit mieux, il éguise, pour ainsi dire, son esprit contre une pierre qui ne coupe point. En un mot, il seroit plus avantageux à l'homme de découvrir aux arbres & aux statuës ce qui l'afflige dans l'ame, que de garder un obstiné silence. A préfent pour mettre dans toute sa perfection ce second fruit de l'amitié, ajoûtez ce dont nous avons déja parlé, & qui est ce qui tombe le plus ordinairement sous les sens du vulgaire, je veux dire, le fidéle conseil d'un véritable & sage ami. Héraclite a eu raison de dire dans une de ses énigmes, que la lumiere féche étoit la meilleure ; & il est certain que la lumiere que l'on reçoit par le conseil d'un ami, est ordinairement plus féche & plus pure que celle qu'on peut tirer de fon propre entendement, qui eft toûjours arrofé ou teint par nos paffions : de maniere qu'il y a autant de différence entre les confeils qu'on reçoit d'autrui & celui qu'on fe donne à foi-même, qu'il y en a entre le confeil d'un ami, & celui d'un flatteur : car l'homme eft toûjours à lui-même fon plus grand flatteur ; & il n'eft point de meilleur reméde contre cette flatterie, que la liberté d'un ami.

Il y a deux fortes de confeils ; l'un pour les mœurs, & l'autre pour les affaires. A l'égard du premier, les avis fincéres d'une perfonne qui nous aime, eft le meilleur préfervatif dont on puiffe ufer pour conferver un cœur fain. Se rendre à foi-même un compte trop exact & trop fevére de fes propres ac-

tions, eſt quelquefois une médecine plus violente qu'il ne
faut, & trop corroſive. La lecture des livres de morale n'a pas
ſouvent la force néceſſaire pour
nous inſtruire à fond. Obſerver nos fautes, & les conſidérer en autrui, comme dans un
miroir, a auſſi l'inconvenient
du miroir qui ne rend pas toûjours les images juſtes. Mais le
conſeil d'un véritable ami, eſt
ſans comparaiſon le meilleur
antidote qu'on puiſſe prendre.
C'eſt une choſe étonnante de
conſidérer dans combien de
fautes groſſiéres & d'abſurdités
tombent beaucoup de perſonnes, & principalement les
grands, pour n'avoir pas un
ami qui les avertiſſe à propos.
Telles gens, dit ſaint Jacques,
imitent ceux qui ſe regardent
dans un miroir, & qui oublient
auſſi-tôt leur propre figure. .

A l'égard des affaires, c'eſt un vieux proverbe, *que deux yeux voient mieux qu'un.* Il eſt certain auſſi que celui qui regarde joüer, voit mieux les fautes que celui qui joüe ; enfin qu'on tire mieux d'un mouſquet appuié ſur une fourchette, que s'il étoit appuié ſur le bras ; & de même qu'on eſt mieux conſeillé par un ami, que ſi on avoit la folle imagination de ſe croire ſeul capable de tout, & qu'on ne voulût être aidé de perſonne ; car il eſt indubitable que le conſeil dirige & aſſure les affaires. Mais ſi quelqu'un s'aviſe de prendre conſeil par parties, c'eſt-à-dire, de différentes perſonnes, ou ſans expoſer toute l'affaire, je ne dirai pas qu'il faſſe mal abſolument, c'eſt-à-dire, qu'il ne faſſe peut-être mieux que celui qui ne prend

conseil de personne, mais il
s'expose à deux grands dangers :
l'un de n'être pas conseillé fidélement, parce que celui à
qui il s'adresse n'étant pas vé-
ritablement son ami, il ne pen-
sera qu'à son interêt particulier ; l'autre de recevoir des
conseils nuisibles ou qui seront
pour le moins mêlés de bien &
de mal, & peut-être sans que
celui qui les donne le fasse par
mauvaise intention : de même
que si nous appellons un mé-
decin expert dans la maladie
que nous avons, mais qui ne
connoisse pas notre tempérament, nous courons risque
qu'en nous soulageant d'un côté, il ne nous nuise de l'autre ;
& que pour guérir la maladie,
il ne tue le malade. Un véritable ami n'en use point ainsi :
a u contraire, nous connoissant
à fond, il aura soin de nous

affez en difant; *qu'un ami étoit un autre foi-même*, puifque très-fouvent un ami peut faire plus pour nous que nous-mêmes.

Les hommes font mortels, & fouvent leur vie ne dure pas affez pour voir l'accompliffement des deffeins qu'ils ont eû le plus à cœur; comme d'établir leurs familles, de mettre la derniere main à quelque ouvrage, & autres chofes femblables. Mais celui qui a un véritable ami, peut s'affurer que ce qu'il a fouhaité ne fera pas oublié aprés lui; & de cette maniere un homme a, pour ainfi dire, deux vies en fa puiffance. Un corps ne peut occuper qu'une certaine place: cependant par le moien de l'amitié, il femble que chaque faculté fe double & fe multiplie. Combien y a-t'il de chofes qu'un homme ne fçauroit faire ni dire lui-même

donner des remedes ſi convena-
bles à notre complexion, qu'ils
ne nous feront pas tomber dans
de nouveaux accidens. Tout
cela ſont des raiſons pour ne pas
compter ſur ces derniers con-
ſeils qui ſont plus propres à ſé-
duire ou à éblouïr, qu'à remédier en effet aux affaires.

A ces deux excellens effets
de l'amitié qui ſont l'union des
affections & le ſupport de l'entendement, ſe joint le troiſiéme que je compare à une gre-
nade pleine de pluſieurs petits
grains; car on trouvera dans
l'amitié pluſieurs petits ſecours
dans toutes les occurrences de
la vie. Mais la meilleure maniere d'en comprendre tous les
divers uſages, c'eſt d'examiner
combien de choſes nous ne pouvons pas faire par nous-mêmes;
& par-là nous appercevrons
que les Anciens ne dirent pas

avec bienféance ? On ne peut
parler de fon propre mérite, ni
fe loüer foi-même fans être ac-
cufé de vanité ; on ne fçauroit
auffi quelquefois s'abaiffer jufqu'à demander une grace à
quelqu'un, & plufieurs autres
chofes de cette nature : mais ce
qui feroit rougir celui que l'affaire regarde directement, a
toûjours bonne grace dans la
bouche de fon ami. Il y a encore d'autres bienféances qu'un
homme eft obligé de garder. Il
ne peut parler à fon fils, qu'en
qualité de pere ; à fa femme,
que comme mari ; à fon ennemi, que comme ennemi, au
lieu qu'un ami parle fuivant que
l'occafion le demande, fans
que rien l'arrête ni l'embar-
raffe. Mais je ne finirois jamais, fi je voulois mettre ici
tous les fervices qu'on peut
tirer de l'amitié. Cette derniere

maxime

maxime le fera comprendre.
Lorfqu'un homme ne peut pas
joüer feul fon perfonnage , &
qu'il n'a point d'ami , il faut de
néceſſité qu'il abandonne la
partie.

DE LA

DIFFORMITE'.

LES personnes difformes se vangent ordinairement de la nature. La nature leur a été contraire ; ils sont à leur tour contraires à la nature, comme dit l'Ecriture, & ils n'ont aucune affection naturelle. Il est certain qu'il se trouve toûjours beaucoup de rapport entre le corps & l'esprit. Lorsque la nature erre dans l'un, il est rare qu'elle n'erre aussi dans l'autre. *Ubi peccat in uno, periclitatur in altero.* Mais comme il y a élection dans l'homme pour la forme de son esprit, & nécessité pour celle de son corps, les inclinations natu-

relles peuvent être vaincuës
par l'application & par la vertu. On ne doit donc pas regarder la difformité comme un
figne affuré d'un mauvais naturel, mais comme une caufe
qui manque rarement fon effet.
Quiconque a un défaut per-
fonnel qui l'expofe au mépris,
a auffi un éguillon qui le preffe
continuellement de fe délivrer
du mépris; c'eft pour cela que
les difformes font toûjours audacieux, d'abord pour leur propre défenfe, & enfuite par habitude. Ils ont auffi beaucoup
d'adreffe à découvrir les défauts
& les foibleffes des autres,
pour trouver de quoi fe vanger.
La difformité qui les fait regarder avec mépris par leurs
fupérieurs, diminuë la jaloufie
& les foupçons qu'ils pour-
roient conferver contre eux;
elle endort auffi l'émulation de

leurs compétiteurs , qui ne
sçauroient s'imaginer qu'ils
puissent s'avancer jusqu'à ce
qu'ils les voient tout d'un coup
en place. Ainsi avec un grand
génie, la difformité est un avantage pour s'élever.

Les Rois avoient anciennement & ont encore aujourd'hui
dans quelque pays beaucoup
de confiance aux eunuques,
parce que ceux qui sont mé-
prisables à tous, ont ordinairement plus de fidélité pour un
seul ; mais on les regarde plûtôt
comme de bons espions & des
rapporteurs adroits , que comme des gens propres pour le
ministére ou pour la magistra-
ture. Les difformes leur ressemblent: & ceci se rapporte
à ce que nous avons déja dit ,
qu'il est certain, lorsqu'ils ont
de l'esprit , qu'ils ne négligent
rien pour se délivrer du mépris,

soit par la vertu, ou par le cri-
me. On ne doit donc pas s'é-
tonner s'il s'en trouve quelquefois qui sont des hommes excellens, comme Agesilaus,
Zonger fils de Soliman, Esope, Gisca Président du Perou.
On pourroit peut-être ajoûter
Socrate & beaucoup d'autres.

DE LA VERITE'.

QU'EST-CE que la vérité,
difoit Pilate en fe moc-
quant, & fans vouloir écouter
la réponfe? Il y a des gens qui
aiment le doute, & qui regar-
deroient comme un efclavage
d'être affurés de la vérité. Ils
veulent joüir du libre arbitre à
l'égard de leurs penfées, de
même qu'à l'égard de leurs actions. Quoique cette fecte de
Philofophes qui faifoient pro-
feffion de douter de toutes chofes ne fubfifte plus à préfent,
on voit encore certains efprits qui femblent attachés aux
mêmes principes, & dont l'inclination eft pareille, mais ils
n'ont pas la force des anciens;

ce n'eſt pas la difficulté & le
travail extrême qu'il en coûte
pour trouver la vérité, ni le
frein qu'elle met à nos penſées,
lorſqu'on l'a trouvée, qui donne le goût pour le menſonge,
mais un amour naturel, quoique dépravé, pour le menſonge même. Un Philoſophe des
plus modernes de l'école Grec-
que examine & paroît embarraſſé à trouver la raiſon pourquoi les hommes aiment le
menſonge, qui ne leur donne
pas du plaiſir, comme ceux des
Poëtes, ni du profit, comme
ceux des marchands, mais uniquement pour le menſonge
même. Pour moi je crois que
comme le grand jour convient
moins pour les jeux du théatre que la lumiere des flam-
beaux, ainſi la vérité n'eſt pas
ſi propre que le menſonge pour
les bagatelles de ce monde ; &

plaît moins par conséquent à
la plûpart des hommes. La vérité est une belle perle qui a
beaucoup d'éclat ; mais si on ne
la met pas dans son jour, elle
brille moins que les pierres du
plus bas prix. Certainement un
mélange de mensonge ajoûte
toûjours quelque plaisir. Il n'est
pas douteux que si l'on ôtoit
de l'esprit de l'homme les vaines opinions , les espérances
flatteuses , les fausses préven-
tions , les imaginations faites à
plaisir, il ne tombât dans la mélancolie , le chagrin, & l'ennui. Un des peres dont la sé-
vérité me semble extrême dans
cette occasion, appelle la Poësie, *vinum dæmonum* , parce
qu'elle remplit l'imagination
de choses vaines ; elle n'est cependant que l'ombre du mensonge. Mais ce n'est pas le mensonge qui passe par l'esprit qui
fait

fait le mal, c'eſt celui qui y
entre, & qui s'y fixe, comme
celui dont nous avons parlé.

De quelque maniere qu'il en
ſoit du jugement & des affections dépravées de l'homme, la
vérité qui eſt ſeule ſon juge
nous apprend que celui qui
comme ſon amant la recherche, la connoît, la ſouhaite,
& en joüit, poſſede le plus
grand bien de la nature humaine.

La premiere choſe que Dieu
créa dans l'univers fut la lumiére des ſens, & la derniere celle
de la raiſon ; l'illumination de
l'eſprit de l'homme eſt ſon ouvrage perpétuel. Il créa premierement la lumiere ſur la
face de la matiere, & puis ſur
la face de l'homme, & il répan-
dit toûjours de la lumiére ſur
ſes élûs. Un Poëte qui a été
l'ornement d'une ſecte de Phi-

II. Partie. E

lofophes, d'ailleurs inférieure
aux autres, dit avec raifon: Quel
plaifir de contempler du rivage
des vaiffeaux battus de la tempête? Quel plaifir de voir du
haut d'un château une bataille,
& fes divers évenemens? Mais
quel plaifir eft égal à celui d'ê-
tre fur le fommet de la vérité,
montagne prefque inacceffi-
ble, où l'air eft toûjours ferein;
& confidérer de-là les erreurs,
les égaremens, les broüillards,
& les tempêtes, pourvû qu'on
les regarde d'un œil compatif-
fant, & non pas avec orguëil.
Certainement lorfque l'efprit
humain eft mû de la charité,
qu'il fe repofe fur la Providence, & qu'il tourne fur l'axe de
la verité, il s'éleve jufqu'au
ciel pendant cette vie. Mais
paffons de la vérité théologi-
que & philofophique, à la vérité, ou plûtôt à la bonne foi

dans les affaires. Ceux-mêmes
qui ne la pratiquent pas, ne
peuvent nier qu'elle ne foit le
plus grand honneur de la nature humaine.

La fauffeté dans les affaires
reffemble au plomb qu'on mêle à l'or, qui rend l'or plus facile à travailler, mais qui dimi-
nue de fa valeur. Quoi de plus
honteux que d'être Juge faux
& perfide ! Auffi lorfque Montagne cherche la raifon pour
laquelle les menteurs font fi
méprifés, il dit avec beaucoup
d'efprit ; *que c'eft parce que celui
qui ment, fait le brave avec Dieu,
& le poltron avec les hommes.* En
effet, un menteur infulte Dieu
& s'humilie devant les hommes.

On ne peut mieux exprimer
l'énormité de la fauffeté & de
la perfidie, qu'en difant que ces
vices combleront la mefure,

& feront, pour ainfi dire, les dernieres trompettes qui ap-pelleront le jugement de Dieu fur les hommes. Il eſt écrit, lorſque le Sauveur du monde reviendra, *non reperturum fidem super terram.*

DE L'ADVERSITE'.

CEci eſt une des plus belles ſentences de Senéque, & digne d'un vrai Stoïcien. Les biens qui nous viennent de la proſperité, ſe font ſouhaiter ; mais ceux qui viennent de l'adverſité, attirent l'admiration. *Bona rerum ſecundarum optabilia, adverſarum mirabilia.* Si tout ce qui eſt au-deſſus de la nature s'appelle miracle, il eſt certain que c'eſt principalement dans l'adverſité qu'on en voit.

Cette autre penſée de Senéque eſt encore fort belle (trop belle pour un Payen) : *La vraie grandeur eſt d'avoir en même tems la foibleſſe de l'homme, & la force*

de Dieu. C'est une pensée poëti-
que, & la Poësie fait briller davantage cette sorte de sublime: :
aussi les Poëtes s'en font - ils
servis. Leur fiction d'Hercule,
qui semble nous peindre l'état
du Chrétien, est en effet la même pensée. Ils disent que lorsqu'Hercule fut détacher Pro-
methée, qui représente la nature humaine, il traversa l'O-
céan dans un vase de terre.
C'est donner une vive idée de
la résolution, qui, dans la chair
fragile, surmonte les tempêtes
de ce monde. Mais laissons ces
images si relevées.

La vertu de la prosperité est
la tempérance; la force est celle
de l'adversité, & dans la morale, la force est la plus héroïque
des vertus. La prospérité est la
bénédiction du vieux Testament; l'adversité celle du nouveau, comme une marque plus

assurée de la faveur de Dieu : &
même dans le vieux Testament,
si on regarde aux Poësies de
David, on y trouve plus d'E-
legies que de réjoüissances. Et
le pinceau du saint Esprit a
plus travaillé à peindre les afflictions de Job, que la félicité
de Salomon.

La prospérité n'est jamais
sans crainte & sans dégoûts.
L'adversité a ses consolations
& ses espérances. On remarque
dans la peinture qu'un ouvrage
gai sur un fond obscur plaît
davantage, qu'un ouvrage obscur & sombre sur un fond clair.
Le plaisir du cœur a du rapport
à celui des yeux. La vertu est
semblable aux parfums qui rendent une odeur plus agréable,
quand ils sont agités & broyés.

La prospérité découvre
mieux les vices, & l'adversité
les vertus.

DE LA

VENGEANCE.

LA vengeance eſt une ſorte de juſtice injuſte, plus elle eſt naturelle, plus les loix doivent s'attacher à la déraciner. L'injure offenſe la loi, mais la vengeance de l'injure empiéte & s'arroge le droit de la Juſtice. En ſe vengeant, on ſe rend égal à ſon ennemi, en lui pardonnant, on ſe montre ſon ſupérieur. C'eſt une vertu de Prince de ſçavoir pardonner. Salomon dit : *Il eſt glorieux de mépriſer une offenſe, ce qui eſt paſſé eſt ſans remede ; le préſent & l'avenir, fourniſſent aux hommes ſages aſſez d'occupation.* Ceux qui s'occupent de ce qui eſt paſſé, s'occupent de bagatelles & de choſes inutiles. Perſonne ne fait une injure pour l'injure même ; mais pour le profit, pour le plaiſir, ou pour l'honneur qu'il compte qu'il lui en reviendra. Me fâcherai-je donc contre un homme, parce qu'il s'aime mieux que moi ? mais s'il m'offenſe uniquement par mauvais naturel, il eſt en cela ſemblable aux épines qui piquent, parce qu'elles ne peuvent faire autrement.

La vengeance contre les offenſes où les Loix ne rémédient point, eſt la plus permiſe. Mais qu'on prenne garde auſſi qu'elle ſoit telle, qu'il n'y ait point de punition par les loix ; autrement votre ennemi aura double avantage.

Il y a des perſonnes qui négligent une vengeance obſcu-

re, & qui veulent que leur ennemi sçache d'où lui vient le
coup. Cette vengeance est la
plus généreuse. Alors il paroît
que vous cherchez moins à
faire du mal à votre ennemi,
qu'à l'obliger à se repentir.
Mais ceux qui sont d'une nature basse & poltrone, ressemblent à des fléches tirées pendant la nuit. Cosme Duc de
Florence trouvoit que les offenses d'un ami perfide étoient
impardonnables. *Il nous est
commandé*, disoit-il, *de pardonner à nos ennemis, mais nullement
à nos amis*. L'esprit de Job est
plus digne de loüange. Il dit,
*qu'ayant reçu le bien de la main
de Dieu, nous devons, sans nous
plaindre, en recevoir le mal*, &
c'est ce que nous pouvons dire
en quelque sorte des amis qui
nous abandonnent. Celui qui
médite une vengeance, empê-

che ſes propres bleſſures de ſe
fermer.

Le Public eſt ordinairement
heureux dans ſes vengeances.
La mort de Céſar, celle de Per-
tinax, & de pluſieurs autres,
en ſont des preuves. Mais il
n'en eſt pas de même des vengeances particulieres. Les Perſonnes d'un eſprit vindicatif,
ſont la plûpart comme les ſor-
ciers, qui font des malheureux,
mais qui à la fin ſont malheureux eux-mêmes.

DE L'ATHEISME.

JE croirois plûtôt toutes les fables de l'Alcoran & du Talmuth, que de croire qu'il n'y a pas un Esprit qui a créé & qui gouverne le monde. Aussi Dieu n'a jamais fait de miracles pour convaincre les Athées, parce que ses ouvrages doivent suffire. Il est vrai qu'un peu de Philosophie fait incliner à l'Athéisme ; mais un plus grand sçavoir dans la Philosophie, ramene l'esprit à la connoissance d'un Dieu. Celui qui considérera les causes secondes séparées & désunies, pourra s'y borner & n'aller pas plus loin ; mais s'il les observe liées & enchaînées les unes aux autres, il eſt forcé d'avoir recours à une ſageſſe infinie qui a créé le tout, & qui en maintient l'arrangement. Enfin il eſt obligé de reconnoître un Dieu. L'école la plus ſuſpecte d'Athéiſme eſt celle en quelque ſorte qui prouve davantage qu'il y a un Dieu, je veux dire l'école de Leucippe, de Démocrite, & d'Epicure; car il me paroît moins abſurde de penſer que quatre élemens changeans & muables, & une cinquiéme eſſence immuable, placée dûëment |& de toute éternité, puiſſe ſe paſſer d'un Dieu, que de me figurer ſuivant leur opinion, qu'un nombre infini d'atômes & de ſemences, par un ſecours purement fortuit, ont pû ſans la direction d'un Dieu, produire cet ordre & cette beauté de l'Univers.

La sainte Ecriture dit : *Dixit infipiens in corde fuo , non eft Deus.* Elle ne dit pas qu'il le penfe , mais qu'il fe le dit lui-même , plûtôt comme une chofe qu'il fouhaite , que comme une chofe dont il eft perfuadé. Perfonne ne nie la Divinité que ceux qui croient avoir intérêt qu'il n'y en ait point ; & rien ne prouve davantage que l'Athéifme eft plûtôt fur les lévres que dans le cœur , que de voir que tous les Athées aiment à parler de leur opinion, comme s'ils cherchoient l'approbation des autres pour s'y fortifier. On en voit auffi qui tâchent de fe faire des difciples de même que les autres fectes ; & il s'en eft trouvé, ce qui eft plus encore, qui ont mieux aimé mourir, que de renoncer à leur opinion. S'ils croient qu'il n'y a pas de Dieu,

» de quoi se mettent-ils en peine ?
» On prétend qu'Epicure n'en-
» seigna qu'il y avoit des êtres
» heureux qui joüissent d'eux-
» mêmes sans prendre part à ce
» qui se passe dans le monde,
» que pour ne pas hazarder sa
» réputation ; mais qu'au fond
» il ne croioit pas en Dieu, &
» qu'il voulût cependant s'ac-
» commoder au tems. On l'ac-
» cuse à tort. Ces paroles de lui
» sont divines : *Non deos vulgi*
» *negare prophanum , sed vulgi opi-*
niones diis applicare prophanum.
» Platon même n'eût pas pû
» mieux dire. D'où il paroit que
» quoiqu'Epicure eût l'audace de
» nier l'administration des dieux,
» il ne pouvoit cependant nier
» leur nature. Les Americains
» n'ont point de terme qui si-
» gnifie Dieu, quoiqu'ils aient des
» noms pour chacun de leurs
» dieux. On peut inferer de-là

que les nations les plus barbares, sans comprendre la grandeur de la Divinité, en ont cependant une idée imparfaite; de sorte que les Sauvages s'unissent avec les plus grands Philosophes contre les Athées.

Un Athée contemplatif ne se trouve guéres; il y a Diagore, Bion, Lucien peut-être, & peu d'autres, encore que sçait-on s'ils ne le paroissent pas plus qu'ils ne le sont ? En effet tous ceux qui combattent une religion, ou une superstition reçue, sont toûjours accusés d'Athéisme par le parti contraire. Mais les plus grands Athées sont les hipocrites qui manient les choses saintes sans aucun sentiment de religion : de maniere qu'il faut à la fin que leur conscience se cauterise.

Ceux qui nient la Divinité, détruisent ce qu'il y a de plus
noble

noble en l'homme. Certainement l'homme reſſemble aux
bêtes par le corps ; & ſi par ſon
ame il ne reſſembloit pas à
Dieu, ce ſeroit un animal vil
& mépriſable : ils détruiſent
auſſi l'élevation & la magnanimité de la nature humaine. Re-
gardez un chien , combien il
montre de courage & de géné-
roſité, lorſqu'il ſe trouve ſoû-
tenu de ſon maître qui lui tient
lieu de Dieu , ou d'une nature
ſupérieure. Son courage eſt
manifeſtement tel , qu'il ne
ſçauroit l'avoir à ce point ſans
la confiance qu'il a en une nature meilleure que la ſienne.
De même, l'homme qui ſe re-
poſe & qui met ſes eſpérances
en Dieu, en tire une force &
une vigueur , à laquelle ſans
cette confiance il ne ſçauroit
atteindre. Ainſi comme l'athéiſ-
me eſt digne de haine en tou-

tes choses, il la mérite encore plus en ce qu'il prive la
nature humaine de l'unique
moien qu'elle a de s'élever au-
deſſus de ſa foibleſſe. Comme il produit cet effet ſur les
particuliers, il le produit de
même ſur les nations entieres.
Jamais peuple n'a égalé celui
de Rome en magnanimité.
Ecoutez ce que dit Ciceron,
Quam volumus licèt, Patres Conſ-
cripti, nos amemus, tamen nec
numero Hiſpanos, nec robore Gal-
los, nec calliditate Pœnos, nec ar-
tibus Græcos, nec denique hoc ipſo
hujus Gentis & terræ domeſtico,
nativoque ſenſu Italos & Latinos,
ſed pietate ac religione, atque hâc
unâ ſapientiâ quod deorum im-
mortalium nomine omnia regi,
gubernarique perſpeximus omnes
Gentes, Nationeſque ſuperavimus.

DE LA

SUPERSTITION.

LA superstition sans voile est difforme : & comme la ressemblance d'un singe avec un homme fait paroître cet animal plus laid , la ressemblance de la superstition avec la religion la fait paroître aussi plus difforme. De même encore que les meilleures viandes se corrompent & se changent en petits vers , la superstition change la bonne discipline , & les coûtumes vénérables en momeries & en cérémonies superficielles.

Quelquefois on tombe dans une sorte de superstition pour vouloir éviter la superstition.

C'est ce qui arrive lorsqu'on cherche à s'éloigner de celle qui est déja reçue. Il faut tâcher d'éviter l'effet des mauvaises médecines qui détruisent les bonnes humeurs en même tems que les mauvaises. Cela arrive ordinairement quand le peuple est le réformateur.

DE LA
BONTE' NATURELLE,
ET ACQUISE.

J'ENTENS par bonté une qualité naturelle qui fait qu'on fouhaite du bien aux hommes. Les Grecs l'appellent *Philantropia.* Le terme d'humanité ne l'exprime pas affez. J'appelle bonté, l'habitude de faire du bien ; & bonté naturelle, l'inclination à faire du bien. Celle-ci eft la plus grande de toutes les vertus, & le caractere de la Divinité. Sans elle l'homme ne feroit qu'un animal inquiet, méchant, maheureux, une efpece d'infecte nuifible.

    La bonté morale répond à la

charité Chrétienne ; elle n'eſt point ſujette à l'excès , mais à l'erreur. Une ambition exceſſi-ve a cauſé la chûte des Anges. Un déſir de ſcience exceſſif a fait chaſſer l'homme du Para-dis ; mais dans la charité , il ne ſçauroit y avoir d'excès. Par elle les Anges ni les hommes ne courent aucun riſque.

L'inclination à la bonté eſt enracinée dans la nature hu-maine : lorſqu'elle ne trouve pas à s'exercer envers les hom-mes , elle s'exerce envers les bêtes. On peut le remarquer chez les Turcs , ils font des aumônes aux chiens & aux oiſeaux. Busbecq rapporte là-deſſus , qu'un orfévre Venitien courut riſque à Conſtantinople d'être lapidé par le peuple , pour avoir mis un baillon au long bec d'un oiſeau. Cependant cette vertu de bonté & de cha-

rité a fes erreurs. Les Italiens
ont un mauvais proverbe, qui
dit : *Tanto buono che non vale
niente.*

Pour éviter le fcandale &
le danger, il eft bon de fçavoir
les erreurs d'une habitude fi
excellente. Chercher les biens
d'autrui fans fe laiffer fédui-
re à fon air compofé ; c'eft une
foibleffe dont une ame timorée
fe rend quelquefois efclave. Ne
jettez pas une perle au cocq
d'Efope, qui feroit plus content
& plus heureux avec un grain
de blé. Vous avez l'exemple de
Dieu pour vous inftruire. *Plu-
viâ fuâ rigat, fole fuo irradiat
juftos ac injuftos.* Mais il ne dif-
penfe pas également fur tous
les hommes les richeffes & les
honneurs. Des bienfaits communs doivent être communi-
qués à tout le monde ; mais il
faut du choix pour les particu-

liers. En faisant la copie, prenez
garde de ne pas rompre l'original : l'amour de nous-mêmes
est l'original. Suivant la théo-
logie, celui du prochain est la
copie. *Vende omne quod habes,*
atque elargire pauperibus, & se-
quere me. Mais ne vendez pas
tout ce que vous avez sans venir à ma suite : c'est-à-dire, si
ce que vous attendez, n'est pas
pour vous un bien plus considérable, que ce que vous aban-
donnez : autrement pour gros-
sir le ruisseau, vous taririez la
source.

Non seulement il y a une
habitude de bonté dirigée par
la raison, mais il y a aussi dans
quelques personnes une dispo-
sition naturelle à faire du bien,
comme en d'autres une envie
naturelle de nuire.

La malignité simple consiste
à paroître de mauvaise humeur,

à avoir l'efprit chagrin , être
fujet à contredire, difficile à
manier, &c.

Mais l'autre efpéce de malignité qui eft plus forte, porte
à l'envie. Ceux qui y font fujets, tirent leur plus grand plaifir des malheurs d'autrui, & les
augmentent autant qu'il leur
eft poffible, pires que les chiens
qui léchoient les plaies du La-
zare, & femblables aux mou-
ches qui s'attachent fur les bleffures, & les corrompent davantage. Ce font des Mifantropes,
qui fans avoir dans leur jardin
cet arbre fi commode de Timon , voudroient cependant
amener pendre tous les hommes;
mais on peut en faire de bons
politiques , de même que le
bois courbé eft propre pour faire des vaiffeaux deftinés à être
agités, mais non pas pour des
maifons qui reftent en place.

II. Partie. G

Il y a plusieurs marques différentes de bonté. Si un homme est empressé & obligeant pour les Etrangers, il fait voir qu'il est citoyen du monde. S'il a de la compassion pour les afflictions des autres, il montre que son cœur est semblable à cet arbre noble qui est blessé lui-même, lorsqu'il donne le baume ; s'il pardonne & s'il oublie facilement les offenses, c'est une marque que son ame est au-dessus des injures : s'il est sensible aux petites graces, c'est une preuve qu'il ne regarde qu'à l'intention. Mais sur-tout s'il a la perfection de saint Paul, qui souhaitoit d'être anathême en Jesus-Christ pour sauver ses freres, c'est une marque d'une nature divine, & une espéce de conformité à Jesus-Christ même.

DE LA MORT.

LES hommes craignent la mort, comme les enfans l'obſcurité ; & comme cette crainte naturelle dans les enfans eſt augmentée par les fables qu'on leur raconte, on augmente de la même maniére dans l'eſprit des hommes la crainte qu'ils ont de la mort.

C'eſt une choſe lôüable de méditer ſur la mort, ſi on la regarde comme une punition du péché, ou comme un paſſage à une autre vie. Mais c'eſt une foibleſſe de la craindre, ſi on la regarde ſimplement comme le tribut qui eſt dû à la nature.

Il entre ſouvent de la vanité & de la ſuperſtition dans les

méditations pieuses. Il y a des
spéculatifs qui ont écrit qu'un
homme doit juger par la douleur qu'il souffre quelquefois
par un petit mal au doigt, combien est grande la douleur que
cause la mort, lorsque tout le
corps se corrompt & se diffout.
Mais souvent la fracture d'un
membre cause plus de douleur
que la mort même : les parties
les plus vitales ne font pas les
plus sensibles.

Celui qui a dit (en parlant
simplement comme Philoso-
phe) que l'appareil de la mort
effraie plus que la mort même,
a eu raison à mon sens. Les
gémissemens, les convulsions,
la pâleur, les pleurs de nos
amis, & la noire préparation
des obséques, c'est ce qui rend
la mort terrible.

On doit remarquer que toutes les passions ont plus de force

fur l'efprit de l'homme que la crainte de la mort ; elle ne doit pas être un ennemi fi redoutable, puifque nous avons toûjours en nous de quoi la vaincre. La vengeance triomphe de la mort, l'amour la méprife, l'honneur la recherche, la douleur la fouhaite comme un refuge, la peur la dévance, & la foi la reçoit avec joie. Nous lifons même que lorfqu'Othon fe fût tué, la pitié qui eft la plus foible des paffions engagea plufieurs de ceux qui lui étoient attachés de fe tuer par compaffion pour lui. Senéque ajoûte à ceci l'ennui & le chagrin. *Songez*, dit-il, *combien de tems vous avez fait la même chofe.* Parmi les anciens Payens les hommes courageux & d'un génie fupérieur fe préparoient de changer peu à l'approche de la mort : ils confervoient jufqu'au der-

G iij

nier moment le même caractére d'efprit. Augufte mourut en
difant une politeffe : *Livia con-*
jugii noftri memor, vive & vale.
Tibere en diffimulant : *les for-*
ces, dit Tacite, *manquoient à*
Tibére , mais non pas la diffimula-
tion. Vefpafien en raillant,
étant à fa chaife, & fe fentant
défaillir, dit : *Vraiement , je crois*
que je deviens un dieu. Les derniers mots de Galba furent une
fentence : *Frappez , fi c'eft pour*
le bien du peuple Romain ; & en
même tems il tendit le col. Sévére
en faifant fes dépêches : *Allons,*
dépêchons , fi j'ai encore quelque
chofe à faire. Il en eft de même
de beaucoup d'autres.

Les Stoïciens fe donnent trop
de foins pour nous foulager de
la crainte de la mort. Ils l'ont
rendue plus terrible par leurs
grands préparatifs. J'approuve
davantage celui qui place tout

simplement la fin de la vie entre les offices de la nature. Il est aussi naturel de mourir que de vivre, & peut-être on souffre autant en naissant qu'en mourant. Celui qui meurt occupé de quelque grand dessein, dont il souhaite avec passion l'accomplissement, peut se comparer à celui qui ne sent pas la douleur d'une blessure dans la chaleur d'une bataille. Mais sur-tout il n'y a rien de plus doux que de pouvoir chanter, *nunc dimittis,* quand on est parvenu à un but digne d'estime & de gloire. La mort produit encore ce bon effet: elle ouvre la porte à la rénommée, & détruit l'envie. *Extinctus amabitur idem.* Le même homme sera aimé après sa mort. Ainsi pensoient les Philosophes du Paganisme. Mais malheur à celui qui à la mort n'auroit que de telles consolations, puis-

qu'il n'y a que la vraie religion qui puisse en procurer de
solides.

DE LA
JEUNESSE,
ET DE LA
VIEILLESSE.

UN homme peut être jeune en années, & vieux en heures, s'il n'a pas perdu son tems. Cela arrive rarement. La jeuneſſe reſſemble aux premieres penſées qui le cedent en prudence aux ſecondes. Car les penſées ont auſſi leur jeuneſſe.

La jeuneſſe eſt fertile en inventions plus que la vieilleſſe. Elle eſt auſſi féconde en imaginations vives, & qu'on prendroit quelquefois pour des inſpirations.

Les eſprits très-vifs, pleins

d'ardeur & de défirs violens, ne font propres pour les affaires qu'après que leur jeuneffe eft paffée : comme on peut le remarquer de Jules-Cefar, & de Septime Sévére. On dit du dernier : *Juventam egit erroribus, imò favoribus plenam.* Il a été cependant un des plus grands Empereurs. Mais un efprit flegmatique & raffis peut fleurir dès fa jeuneffe ; nous avons pour exemple, Augufte, Cofme de Medicis, Gafton de Foix, & d'autres. Quand le feu & la vivacité de la jeuneffe fe trouvent joints à un âge mur, c'eft une excellente compofition pour les affaires. La jeuneffe eft plus propre à imaginer qu'à raifonner : à exécuter qu'à déliberer ; & pour les nouveaux projets, que pour les affaires établies ; car il y a des cas où les perfonnes d'un âge avancé peu-

vent tirer avantage de leur expérience , mais dans les affaires toutes neuves, elles les pré-
occupent & les arrêtent.

Les erreurs des jeunes gens
les portent souvent à la des-
truction ; celles des vieillards
font différentes. Ils manquent
ordinairement en ne faisant pas
assez, ou assez-tôt.

Les jeunes gens embrassent
plus qu'ils ne peuvent atteindre , ils émeuvent plus qu'ils
ne sçauroient résoudre , ils volent au fait , sans examiner assez
les moiens ; ils suivent en aveu-
gles des principes qu'ils ont
pris par hazard ; ils tentent les
remédes extrêmes dès les commencemens ; ils introduisent
des nouveautés qui attirent des
inconveniens qu'ils n'ont pas
prévûs ; ils ne veulent point
avoüer ni rétracter leurs erreurs : & par là ils les redou-

blent , & fe jettent plus vîte
dans le précipice , comme un
cheval qui ne veut ni tourner
ni arrêter.

Les vieillards font trop d'ob-
jeétions, confultent trop long-
tems, craignent trop les dangers, chancelent & fe repen-
tent avant d'avoir failli, &
menent rarement une affaire
à fa perfeétion. Ils fe conten-
tent d'un fuccès médiocre. Un
mêlange des deux auroit de
grands avantages ; pour le pre-
fent, les qualités des uns fup-
pléeroient au défaut des autres ;
pour l'avenir, la modération
des vieux feroit une inftruétion
pour les jeunes. Enfin, cet af-
femblage fi bon en lui - même
produiroit encore de bons effets à l'extérieur : parce que les
vieillards ont l'autorité pour
eux, & les jeunes gens la faveur, & plus de popularité.

Peut-être la jeuneffe a-t'elle
l'avantage dans la morale, &
les vieillards dans la politique.
Un certain Rabin fur le texte
juvenes veftri videbunt vifiones ,
& fenes veftri fomniabunt fomnia,
infére que les jeunes gens font
admis plus près de Dieu que les
vieillards, parce qu'une vifion
eft une révolution plus mani-
fefte qu'un fonge.

- Plus on s'imbibe du monde,
plus on doit s'en enyvrer. La
vieilleffe perfectionne le raifonnement, plus qu'elle ne cor-
rige les défirs ou la volonté.

Il y a des efprits prématurés
qui deviennent infipides dans la
fuite, qui font trop aigus, &
qui perdent leur pointe, comme il arriva au Rhéteur Her-
mogene, qui a fait des livres
très fubtils, & qui devint enfuite hebêté. De même encore
ceux dont les facultés naturel-

les conviennent mieux à la jeuneſſe qu'à un âge avancé, comme une éloquence trop fleurie.
Ciceron le remarque d'Hor-
tenſius ſur ſa maniere de ha-
ranguer : *Idem manebat, neque
idem dicebat.* Et ceux enfin qui
s'élevent trop au commencement, & qui ſe trouvent dans
la ſuite ſurchargés de leur propre grandeur, comme Scipion
l'Africain, duquel Tite-Live a
dit : *Ultima primis cedebant.*

DES SOUPÇONS.

LES soupçons sont entre nos pensées ce que sont les chauves - souris parmi les oiseaux, & comme elles ils ne volent que dans l'obscurité. On ne doit pas les écouter, ou du moins y ajoûter foi trop facilement ; ils obscurcissent l'esprit, éloignent les amis, & empêchent qu'on agisse constamment & avec assurance dans les affaires. Ils disposent les Rois à la tyrannie, les maris à être jaloux, & les sages à la mélancolie & à l'irrésolution. Ce défaut vient plûtôt de l'esprit que du cœur, & souvent il trouve place dans des ames courageuses. Henri VII. Roi d'Angleterre en est un exemple. Jamais personne n'a été plus courageux, ni plus soupçonneux que lui. Dans un esprit de cette trempe, les soupçons n'y font point tant de mal ; ils n'y sont reçus qu'après qu'on a examiné leur probabilité ; mais sur les esprits timides, ils prennent trop d'empire.

Rien ne rend un homme plus soupçonneux, que de sçavoir peu. On doit donc chercher à s'instruire, comme un moyen de guérir ses soupçons. Les soupçons sont nourris de fumée & dans les ténébres ; mais les hommes ne sont point des Anges : chacun va à ses fins particulieres, & chacun est attentif & inquiet sur ce qui le regarde. Le meilleur moyen de modérer sa défiance, est de préparer des remedes contre les dangers dont nous nous

croions

croions ménacés, comme s'ils devoient indubitablement arriver, & en même tems de ne pas trop s'abandonner à fes foupçons, parce qu'ils peuvent être faux & trompeurs : de cette maniere il n'eft pas impoffible qu'ils nous deviennent même utiles.

Ceux que nous formions nous-mêmes ne font pas à beaucoup près fi fâcheux que ceux qui nous font infpirés par l'artifice, & le mauvais caractére d'autrui ; ceux-là nous piquent bien davantage. La meilleure maniere de fe tirer du labyrinthe des foupçons, c'eft de les avouer franchement à la partie fufpecte : par-là on découvre plus aifément la vérité, & on rend celui qui eft foupçonné plus circonfpect à l'avenir. Mais il ne faut pas ufer de ce remede avec des

II. Partie. H

ames baſſes. Quand des gens
d'un mauvais caractere ſe
voient une fois ſoupçonnés,
ils ne ſont jamais fidéles. Les
Italiens diſent, *ſoſpetto licencia
fede*, comme ſi le ſoupçon con-
gédioit & chaſſoit la bonne foi;
mais il devroit plûtôt la rappeller & l'obliger à ſe montrer
plus ouvertement.

DE L'AMOUR.

L'AMOUR eſt une paſſion plus utile au théatre, qu'à la vie de l'homme : auſſi ſert-elle de ſujet ordinairement aux comédies & aux tragédies ; mais elle eſt toûjours également dangereuſe pour les hommes, en ce qu'elle eſt quelquefois comme une Syréne, quelquefois comme une Furie.

On peut remarquer que parmi les grands hommes, ſoit de l'Antiquité ou des modernes, pas un ne s'eſt laiſſé tranſporter à un excès d'amour inſenſé ; c'eſt une preuve que les grands génies & les grandes affaires n'admettent point cette foibleſſe. Il faut cependant excepter Marc-Antoine, & Appius Claudius le Décemvir. Le

H ij

premier étoit adonné à ses
plaisirs, mais l'autre avoit me-
né une vie sage & austére.
Preuve certaine que l'amour
peut quelquefois s'emparer
d'un cœur bien fortifié, si l'on
n'y fait pas bonne garde.

L'idée d'Epicure est basse,
quand il dit : *Satis magnum al-*
ter alteri theatrum sumus. Comme si l'homme qui est formé
pour contempler le ciel devoit
se créer une idole, l'adorer ici
bas, & mettre sa plus grande
félicité (si ce n'est à satisfaire
ses appetits gloutons comme
les bêtes) du moins à joüir
avec avidité des objets les plus
capables de recréer ses yeux,
qui lui ont été donnés cependant pour des sujets d'une plus
haute dignité.

On doit considérer qu'il naît
de cette passion des excès offen-
çans pour toute la nature,

& qu'elle dégrade toutes choses jufqu'à vouloir établir pour
regle infaillible , que l'hyper-
bole ne convient qu'à l'amour.
On a eu raifon de dire : *adula-*
torum Principem , quocum cæteri
adulatores minores confpirant effe
unum quæ fibi ipfi. Mais un
amant eft encore un plus grand
flateur. L'opinion que peut
avoir de lui-même l'homme le
plus vain , n'approche pas de
celle d'un amant pour la perfonne qu'il aime : auffi rien
n'eft plus vrai que ce qu'on a
dit ; *qu'il étoit impoffible d'être*
amoureux & fage en même tems.
Cette frénéfie paroît non feulement ridicule à ceux qu'elle ne
regarde pas ; mais fi l'amour
n'eft pas réciproque , elle le
paroît encore davantage à la
perfonne aimée, & qui n'aime
point. Il eft certain , ou que
l'amour fe paie par l'amour , ou

qu'il eſt très-mépriſé ; & c'eſt
encore une raiſon pour ſe tenir
mieux en garde contre cette
paſſion , qui nous fait perdre
non ſeulement les choſes les
plus déſirables , mais qui s'avilit
auſſi elle-même. Pour les autres
pertes qu'elle cauſe , la fable
nous les repréſente d'une maniere très-claire , quand elle dit
que celui qui donna la préférence à
Venus , perdit les dons de Junon &
de Pallas. Quiconque ſe livre à
l'amour , renonce aux gran-
deurs & à la ſageſſe.

Nous ſommes ordinairement
ſurpris des accès de cette paſſion , lorſque notre eſprit eſt le
moins à lui-même , c'eſt-à-dire ,
dans la grande proſpérité , ou
dans une extrême adverſité. Ces
deux tems (quoiqu'on n'ait pas
fait encore cette remarque à
l'égard du dernier) ſont favo-
rables à la naiſſance de l'amour ,

& c'eſt une des preuves qu'il eſt l'enfant de la folie.

Ceux qui ñe peuvent pas ſe délivrer de l'amour, doivent du moins ſe ſeparer de leurs affaires ſérieuſes. S'il y eſt une fois admis, il mettra tout en déſordre, & l'on ne travail-lera plus pour le but qu'on s'étoit propoſé.

Je ne ſçai pas pourquoi les guerriers ſont ſi fort adonnés à l'amour, ſi ce n'eſt par la même raiſon qu'ils ſe livrent au vin; c'eſt-à-dire, parce que les périls veulent être paiés par les plaiſirs.

Il y a dans la nature humaine une inclination ſecrete qui porte à l'amour. Si cette in-clination ne ſe fixe pas ſur une perſonne ſeule, elle s'étend naturellement ſur pluſieurs, & rend les hommes humains & charitables.

L'amour conjugal produit
le genre humain ; l'amour ou
l'amitié le rendent plus parfait ;
mais l'amour débauché l'avilit
& le corrompt.

DE L'AMOUR

DE

L'AMOUR PROPRE,

OU DE

L'INTEREST PARTICULIER.

LA fourmi eſt un animal *ſibi ſapiens*, qui entend ſon intérêt particulier, mais elle eſt nuiſible dans un jardin. Certainement ceux qui s'aiment trop ſont comme elles incommodes au public. Suivez un milieu raiſonnable entre votre intérêt & celui de la ſociété. Soyez attentif à ce qui vous regarde, ſans contrecarrer ni oublier les intérêts des autres ; ſur - tout ceux de votre patrie & de votre Roi. Il y a de la baſſeſſe à faire de ſon intérêt particulier le centre de toutes ſes actions ; rien n'eſt plus terreſtre : car la

II. Partie. I

terre eſt fixe & arrêtée ſur ſon centre. Mais tout ce qui a de l'affinité avec les cieux, ſe meut ſur un centre étranger, auquel il eſt de quelque ſecours. Il eſt plus tolérable dans les Princes de rapporter tout à eux-mêmes, parce qu'un grand nombre de perſonnes ſont attachées à leur ſort, & que le bien & le mal qui leur arrivent, ſe partagent, pour ainſi dire, avec le public. Mais ce défaut eſt pernicieux dans ceux qui ſervent un Prince ou un Etat. Toutes les affaires qui paſſent par leurs mains, ſont tournées à leurs fins particuliéres, qui ſont le plus ſouvent fort éloignées de celles de leur maître. Les Princes & les Etats doivent donc choiſir des Miniſtres exemts de ce vice : ſans cela leurs affaires ne ſeront ſeulement qu'acceſſoires. Ce qui rend e n

core ces fortes de caractéres
plus dangereux, c'eft qu'avec
eux toutes fortes de propofi-
tions font perdues. Il eft injufte
que les avantages de ceux qui
fervent, foient préferés à ceux
du maître qui eft fervi. Mais il
eft encore bien plus condamna-
ble qu'un petit interêt de celui
qui fert, foit preferé à un grand
interêt du maître. C'eft cependant ce qui arrive fouvent par
la mauvaife foi d'une forte de
Miniftres, comme Tréforiers,
Ambaffadeurs, Géneraux d'armées, & tous autres Miniftres
qui manquent de fidélité. Les
gens de ce caractére donnent
un biais à leur boule, pour at-
traper en paffant leurs petits
avantages, & renverfent par là
de grandes & importantes affaires. Ordinairement le profit
qui leur en revient, eft proportionné à leur état & à leur

fortune ; mais le mal qu'ils font en échange, eſt proportionné à l'état ou à la fortune de leur maître. Le naturel de ces gens qui s'aiment par deſſus tout, ne les porte point à mettre le feu à la maiſon de leur voiſin, s'ils n'ont envie de faire cuire un œuf. Cependant les Miniſ-tres de cette humeur ſont ſou-vent en crédit, parce qu'après leur interêt particulier, ils n'en ont point de plus cher que de plaire à leur maître ; & pour ces deux choſes qui ont ſou-vent du rapport enſemble, ils trahiſſent les affaires dont ils ſont chargés.

Ce grand amour de ſoi-même a diverſes proprietés toutes per-nicieuſes. On croiroit quelque-fois que les perſonnes qui s'y livrent, ont le même inſtinct des rats, qui leur fait déſerter une maiſon avant qu'elle ne s'écroule. Quelquefois aussi ils ressemblent au Renard qui chasse le Blereau du trou qu'il avoit creusé pour lui-même, & quelquefois enfin pareils aux crocodiles, ils pleurent & gémissent pour dévorer.

On remarque que ceux qui font du caractére que Ciceron attribuoit à Pompée, c'est-à-dire amans d'eux-mêmes & ordinairement fans rivaux, finissent presque tous par être malheureux. Ils n'ont sacrifié toute leur vie qu'à eux-mêmes : ils deviennent enfin des victimes pour la fortune, à laquelle cependant ils croient avoir coupé les aîles par leur rare prudence.

I iij

DE L'ETUDE.

L'ETUDE sert à récréer l'esprit, ou à l'orner, ou à se rendre plus habile dans les affaires. A l'égard de la récréation ou du plaisir que fournit l'étude, ce n'est que dans une vie privée & retirée qu'on peut s'y livrer. L'ornement s'emploie dans le discours, & l'habileté paroît par la solidité du jugement, & par la maniere de conduire les affaires. On peut se rendre par l'expérience propre pour l'exécution & pour le détail d'une affaire en particulier ; mais le conseil en géneral, les projets, & la bonne administration, viennent plus sûrement du sçavoir.

Employer trop de tems à la lecture ou à l'étude, n'eſt qu'une pareſſe qui a bonne mine. S'en ſervir trop pour orner ſon diſcours, eſt une affectation. Former ſon jugement purement ſur les préceptes tirés des livres, eſt trop ſcholaſtique & très-incertain. Les lettres perfectionnent la nature , & ſont perfectionnées par l'expérience. Les talens naturels, de même que les plantes , ont beſoin de culture ; mais les lettres apprennent les choſes d'une maniére trop vague , ſi elles ne ſont déterminées par l'expérience.

Les perſonnes adroites & artificieuſes mépriſent les lettres : les ſimples les admirent , les ſages en font uſage. Ce qu'on ne ſçauroit tirer des lettres ſeules, c'eſt la prudence qui n'eſt pas en elles, qui eſt

au-deſſus d'elles, & qu'on n'ac-
quiert que par de ſages reflé-
xions.

Ne liſez point un livre avec
un eſprit critique pour en diſ-
puter, ni avec trop de crédulité,
ni enfin pour faire uſage dans
vos diſcours de ce que vous au-
rez retenu ; mais liſez pour examiner & pour penſer. Il y a des
livres dont il faut ſeulement
goûter, d'autres qu'il faut dévorer, & d'autres, (mais en petit
nombre,) qu'il faut mâcher &
digerer. J'ai voulu dire qu'il y a
des livres dont il ne faut lire que
des morceaux ; d'autres, qu'il
faut lire tous entiers, mais en
paſſant ; & quelques autres ,
mais qui ſont rares, qu'il faut
lire & relire avec une extrême
application. Il y en a auſſi pluſieurs dont on peut faire tirer
des extraits, mais ce ſont ceux
qui ne traitent pas des ſujets

importans, & qui ne font pas
écrits par de bons Auteurs.

La lecture inftruit, la difpu-
te & la conférence reveillent
& donnent de la vivacité. En
écrivant, on devient exact, &
on retient mieux ce qu'on lit.
Celui donc qui eft pareffeux à
faire des notes, a befoin d'une
bonne mémoire. Celui qui
confére rarement, a befoin
d'une grande vivacité naturelle ; & il faut beaucoup d'adreffe à celui qui lit peu, pour ca-
cher fon ignorance.

L'étude de l'hiftoire rend un
homme prudent ; la Poëfie,
fpirituel, les Mathématiques,
fubtil ; la Philofophie naturelle, profond : la morale regle
les mœurs ; la Dialectique & la
Rhétorique le rendent habile
& difpofé à difputer : *abeunt
ftudia in mores.* Il n'y a prefque
point de défaut naturel qu'on

ne puisse corriger par quelque étude propre pour cet effet : de même qu'on remédie aux maladies du corps par quelque exercice convenable. Jouer à la boule est bon pour la gravelle & pour les reins ; tirer de l'arc, pour les poumons & pour la poitrine ; se promener doucement, pour l'estomac, monter à cheval, pour la tête ; de même il est bon qu'un homme qui n'a pas l'esprit posé & attentif, s'applique aux Mathématiques ; car s'il est distrait dans la démonstration, il faudra qu'il recommence. S'il est broüillé, & peu exact dans ses distinctions, qu'il étudie les scholastiques : ils font *Cymini sectores*. S'il ne sçait pas bien discourir d'une affaire, prouver & démontrer une chose pour une autre, qu'il étudie les Jurisconsultes. C'est ainsi

qu'on peut trouver dans l'étude des remedes à tous les défauts de l'efprit.

DE LA

VANITÉ.

ESOPE a imaginé plaisamment qu'une mouche posée sur l'essieu d'une roüe, disoit: *Combien de poussiére j'éleve!* Il y a des gens si vains & si présomptueux, que lorsqu'une chose va d'elle-même, ou par un pouvoir supérieur, s'ils y ont eu la moindre part, ils s'imaginent qu'ils ont tout fait.

Les personnes qui ont beaucoup de vanité ont toûjours l'esprit inquiet & entreprenant. parce qu'il n'y a point d'ostentation sans une comparaison de soi-même. Il faut aussi qu'ils

.cſoient violens pour oûtenir
eleurs fanfaronades ; mais ils ne
ſçauroient garder de ſecret : ce
qui les rend moins dangereux.
Ils font plus de bruit que de
beſogne, ſuivant le proverbe
François. On peut cependant
en tirer quelquefois de l'utilité
dans les affaires, ſur-tout pour
répandre des bruits, ce ſont
d'excellentes trompettes. Ils
ſont bons auſſi, comme Tite-
Live l'a remarqué, dans le cas
d'Antiochus & des Œtoliens ;
car il y a des occaſions où les
menſonges & les exagerations
peuvent ſervir. Par exemple,
ſi un homme veut engager deux
Puiſſances dans une guerre
contre une troiſiéme, & qu'il
éleve outre meſure la puiſſance
de chacun des deux, quand il
parle à l'un ou à l'autre, cela
peut avancer ſon deſſein. Quelquefois encore celui qui mé-

nage une affaire entre deux
particuliers, & qui exagere son
pouvoir sur l'esprit de l'un &
de l'autre, peut l'augmenter
réellement sur tous les deux;
& ainsi il arrive dans des cas
pareils, que quelque chose est
produit de rien : car un mensonge produit une opinion, &
l'opinion une substance.

Il est à propos que les gens
de guerre soient glorieux. Comme le fer aiguise le fer, la gloire
des uns aiguise & réveille celle
des autres.

Dans des affaires de particuliers dangereuses & difficiles,
les esprits vains & présomptueux y donnent le branle, &
mettent les autres en train. Les
esprits plus solides & plus mo-
destes ont plus de lest que de
voile.

La réputation aussi des sça-
vans ne vole pas si haut sans

> que la vanité y fourniſſe quel-
> que plume. *Qui de contemnenda*
> *gloria libros ſcribunt , nomen*
> *ſuum inſcribunt.* Socrate , Ariſ-
> tote, Galien, étoient glorieux.

La gloire contribue à perpétuer
la mémoire ; & la vertu pour
être célébrée doit moins attendre des hommes, que d'elle-
même. La réputation de Ciceron, de Senéque, & de Pline
le jeune, n'auroit pas duré
juſqu'à préſent, du moins avec
tant de force , s'ils n'avoient
pas eû un peu de vanité : elle
eſt ſemblable au vernis qui fait
durer le bois, & qui lui donne
auſſi du luſtre. Mais je ne pré-
tens pas parler de la qualité
que Tacite attribuë à Mutien :
Omnium quæ dixerat , feceratque ,
arte quadam oſtentator. Ce n'eſt
pas une vanité , mais une prudence jointe à beaucoup de
grandeur d'ame qui eſt agréa-

ble & qui sied bien à certaines
personnes. Car dans les excu-
ses, dans les soumissions, &
même dans la modestie bien
ménagée, il se mêle souvent de
l'ostentation & de la vanité.

Le moien le plus adroit pour
flatter sa vanité, c'est celui,
dont parle Pline le jeune, qui
est de loüer d'un autre une
bonne qualité que l'on possede
soi-même. En loüant ainsi un
autre, vous vous servez vous-
même; car il est supérieur ou
inférieur à vous dans la chose
que vous loüez. S'il est inférieur & qu'il mérite la loüange,
vous la méritez bien davantage. S'il est supérieur, & qu'il
ne la mérite pas, vous la méritez encore bien moins.

Les personnes vaines sont
méprisées des sages, admirées
des fols, les idoles & la proye
des Parasites, & les esclaves de
leurs propres défauts.   DE

DE L'AMBITION.

L'Ambition reſſemble à la colére. La colére rend un homme déterminé, actif, remuant, ſi elle n'eſt pas arrêtée ; mais ſi on l'arréte dans ſon cours, elle s'aigrit & devient, pour ainſi dire, aduſte, par conſéquent plus dangereuſe & plus maligne. Il en eſt de même de l'ambition. Si un ambitieux trouve le chemin ouvert pour s'élever, & qu'il aille toûjours en avançant, il eſt plus agiſſant que dangereux. Mais ſi ſes déſirs ſont arrêtés, il devient mécontent en ſecret, il regarde de mauvais œil les hommes & les affaires, & n'eſt bien ſatisfait que lorſque tout va de travers:

II. P—tie. K

ce qui eſt le plus grand de tous
les défauts pour un Miniſtre. Il
eſt donc bon, lorſqu'un Prince
ſe ſert d'un ambitieux, qu'il le
conduiſe de maniere qu'il aille
en avançant ſans jamais recu-
ler; ſans quoi c'eſt donner lieu
à bien des inconveniens, & il
vaudroit beaucoup mieux ne le
point emploier; car ſi ſes ſervices ne le font pas monter, il
fera en ſorte que ſes ſervices
tomberont avec lui.

Puiſque nous avons dit qu'il
ſeroit à propos de ne point
emploier des ambitieux, au
moins ſans néceſſité, il faut
examiner en quel cas il peut
être néceſſaire de s'en ſervir.
On doit à la guerre choiſir par
préférence les bons Géné-
raux, quelque ambitieux qu'ils
ſoient. L'utilité de leurs ſervices l'emporte ſur tout le reſte;
& vouloir qu'un homme de

guerre n'ait pas d'ambition,
c'eſt vouloir lui ôter les épe-
rons. On peut encore tirer un
bon uſage des ambitieux en
les faiſant ſervir comme des
boucliers pour les Princes,
contre les dangers & contre
l'envie. Perſonne ne joüera ce
rôle qu'il ne ſoit ſemblable à
un oiſeau qui a les yeux crevés,
& qui va toûjours en montant,
parce qu'il ne voit pas autour
de lui. On peut encore faire
uſage d'un ambitieux, en ſe ſer-
vant de lui pour en abaiſſer un
autre qui s'éleve trop ; c'eſt
ainſi que Tibére pour abattre
Séjan ſe ſervit de Macron. Puiſque les ambitieux ſont néceſſai-
res dans tous ces cas, il reſte à
dire comment on peut les retenir, de maniere qu'ils ſoient
moins dangereux. Ils le ſont
moins lorſqu'ils manquent de
naiſſance, & lorſqu'ils ſont

d'une humeur brusque & rude, que s'ils étoient affables & populaires ; lorsqu'ils sont nouvellement élevés, que s'ils étoient assurés de leur grandeur, & qu'ils y eussent, pour ainsi dire, pris racine.

Quelques personnes regardent comme une foiblesse dans un Prince d'avoir un favori, mais c'est le meilleur de tous les remédes contre l'ambition des Grands & des Magistrats ; car si le pouvoir d'avancer & de nuire est entre les mains d'un favori, il est très-rare qu'un autre s'éleve trop. Un moyen encore de les tenir en bride, c'est de leur opposer quelqu'un aussi ambitieux qu'eux-mêmes ; mais il faut en ce cas des modérateurs qui tiennent le milieu entre les deux, pour éviter les factions & le désordre. Sans ce lest, le vaisseau

rouleroit trop. Enfin, le Prince
peut au moins protéger & en-
hardir quelqu'un d'un ordre
inférieur, qui fervira comme
de foüet aux ambitieux. Il peut
encore être utile, pour les retenir, s'ils font timides, de leur
faire envifager une ruine pro-
chaine. Mais ce parti eft dangereux s'ils font audacieux &
entreprenans, & peut, loin de
les arrêter, précipiter leurs
defleins. Il eft abfolument néceffaire de les abattre, & quoiqu'on ne puiffe pas le faire tout
d'un coup avec fûreté, le meilleur parti eft d'entremêler continuellement les faveurs & les
difgraces, pour qu'ils ne fça-
chent ce qu'ils ont à efpererou
à craindre, & qu'ils fe trouvent
comme perdus dans un labyrinthe.

L'ambition ou l'envie de
l'emporter dans les grandes

chofes, caufe moins d'embarras dans les affaires, que celle
de fe mêler de toutes chofes.
Celle-ci engendre beaucoup de
confufion & de défordre ; cependant un ambitieux qui eft
remuant dans les affaires, eft
moins dangereux que celui qui
eft puiffant par le nombre de
perfonnes qui dépendent de lui.
Celui qui veut briller parmi les
habiles gens, entreprend des
chofes grandes, & c'eft du moins
un avantage pour le public ;
mais celui qui veut être le feul
chiffre entre plufieurs zéros, eft
la pefte de fon tems.

Les honneurs apportent trois
avantages : de pouvoir faire du
bien, d'approcher des Princes
& des Grands, & de faire fa
propre fortune. Le fujet qui ne
cherche dans fon ambition que
le premier de ces avantages, eft
un homme de bien ; & le Prince

eſt prudent s'il fait diſtinguer parmi ceux qui le ſervent, celui qui agit par un tel motif. Que les Princes & les Etats choiſiſſent donc, autant qu'il leur ſera poſſible, des Miniſtres qui ſoient plus touchés de leur devoir, que de leur élevation; qui entrent dans les affaires, plûtôt par conſcience, que par oſtentation; & qu'ils tâchent auſſi de diſtinguer un naturel remuant d'avec un homme qui n'eſt rempli que de bonne volonté.

DE LA

FORTUNE.

ON ne sçauroit nier qu'il n'y ait des accidens étrangers, ou des hazards qui ne dépendent point de nous, qui contribuent beaucoup à la fortune. La faveur des Grands, une conjoncture heureuse, la mort des autres, ou enfin une occasion favorable à la vertu qui nous est propre. Mais il est sûr cependant que chacun a en lui-même le pouvoir de faire sa fortune : *Faber quisque fortuna sua*, dit le Poëte. La faute d'un homme est la cause étrangere la plus commune de la fortune d'un autre ; & c'est par cette voie qu'on avance le plus

vîte : *Serpens, niſi ſerpentem co-*
mederit, non fit Draco.

Les vertus éminentes & qui
ont beaucoup d'éclat, attirent
les loüanges. Mais il y a des
vertus qui s'apperçoivent à peine, & qui font la fortune ;
telles font certaines manieres
déliées qu'on ne ſçauroit trop
eſtimer, & que les Eſpagnols
appellent, *deſenboltura.* Il ne
faut pas qu'un homme ſoit d'un
caractére rude ni difficile : au
contraire ſon eſprit doit être
ſouple & propre à tourner avec
la roue de la fortune. Tite-Live
après avoir dit que le vieux
Caton avoit une telle force
d'eſprit & de corps, qu'il eût
fait fortune en quelque pays
qu'il fût né, ajoûte qu'il avoit
ingenium verſatile, un eſprit
ployable à tout.

Si on regarde fixement &
avec attention, on verra que

II. Partie. L

la fortune eft aveugle ; mais non pas invifible. Le chemin de la fortune eft femblable à la voie lactée ; c'eft un affembla- ge de plufieurs petites étoiles, qu'on n'apperçoit pas étant fé- parées, mais qui jointes en- femble font claires & apparen- tes. De même il y a beaucoup de petites vertus qu'on ne peut prefque pas appercevoir, ou, pour mieux dire, de certaines facultés ou habitudes commo- des, qui rendent les hommes fortunés. Les Italiens en re- marquent quelques-unes qu'on n'imagineroit pas : lorfqu'ils parlent d'un homme propre à faire fortune, ils demandent qu'il ait entr'autres qualités, *un poco di matto*, (qu'il tienne un peu du fou.) En effet il n'y a point de qualité plus néceffai- re pour parvenir, que ces deux- ici : d'avoir un grain de folie, &

& de n'être pas trop honnête
homme. C'est pour cela que
ceux qui aiment trop leur Patrie ou leur Prince, n'ont jamais été, & ne sçauroient être
bien fortunés. Lorsqu'un homme détourne ses regards & sa
pensée sur un objet étranger,
il s'égare & perd immanquable-
ment son vrai chemin.

Une fortune rapide rend un
homme audacieux & remuant;
mais une fortune exercée, le
rend habile. On doit respecter
la fortune, quand ce ne seroit
que pour la confiance & pour
la réputation qu'elle nous donne. La premiere est dans nous-
mêmes, la seconde est dans les
autres.

Les hommes prudens, pour
éviter l'envie qui est attachée à
la vertu, attribuent tout ce qui
leur arrive d'heureux à la fortune ou à la Providence: com-

me le meilleur moien de joüir de leur grandeur avec plus de tranquillité. Rien auſſi n'attire à un homme plus de conſidéra-tion, que lorſqu'on s'imagine que quelque Puiſſance ſupé-rieure prend ſoin de le condui-re. Céſar dans une tempête dit à ſon pilote : *Tu portes Céſar & ſa fortune,* & Sylla a préferé le nom d'heureux à celui de Grand.

On remarque que ceux qui ont trop attribué à leur ſageſſe ou à leur politique, ont fini malheureuſement. Timothée l'Athénien ne proſpera pas de-puis que dans une harangue où il rendoit compte de ſon Gou-vernement, il repéta plus d'une fois : *& dans ceci la fortune n'y eut point de part.*

Il y a des perſonnes dont la fortune eſt ſemblable aux vers d'Homére, qui ſont plus aiſés & plus coulans que ceux des

autres Poëtes, comme Plutar-
que le remarque dans la com-
paraifon qu'il fait de la fortune
de Timoléon avec celle d'Age-
filaüs ou d'Epaminondas. Mais
il dépend beaucoup des hommes de la rendre telle.

DE L'EMPIRE.

LA condition de ceux qui ont peu à désirer & beaucoup à craindre, est misérable, c'est cependant celle de presque tous les Rois. Placés au plus haut degré, ils ne sçavent à quoi aspirer, pendant que des idées continuelles de fantômes & de dangers ménaçans remplissent leur esprit de troubles & d'agitation. Ceci démontre ce que dit l'Ecriture, *que le cœur des Rois est impénetrable* : car un nombre infini d'inquiétudes & quelque désir qui prédomine & qui dirige les autres, rend le cœur de l'homme difficile à connoître. De là vient aussi que les Princes ont des goûts

qui leur font particuliers, &
qu'ils donnent fouvent tous
leurs foins à des chofes frivo-
les & peu dignes de leur grandeur. La chaffe, les bâtimens,
l'élevation d'un favori, quelquefois même un art mécani-
que, les occupent uniquement.
Néron joüoit de la harpe, Do-
mitien tiroit de l'arc, Commode travailloit à des armes, Ca-
racalla menoit un char. Ceci
paroît étrange à ceux qui ne
connoiffent pas cet axiome :
*Que l'efprit de l'homme fe plaît
bien plus à avancer dans les petites chofes, qu'à s'arréter dans
les grandes.* Nous voyons auffi
que les Rois qui ont commen-
cé par faire des conquêtes, &
qui dans la fuite fe font vûs arrêtés par l'impoffibilité d'avancer à l'infini, fe font à la fin
tournés à la fuperftition & à la
mélancolie, comme Alexandre

le Grand, Dioclétien, & de notre tems Charles - Quint. Car lorsque celui qui est accoûtumé d'avancer toujours, se voit arrêté dans sa course, il n'est plus content de lui-même, & devient tout différent de ce qu'il étoit. Il est bien difficile de connoître à fond le vrai tempérament d'un Empire, & de sçavoir éxactement le régime qui lui convient. Tout tempérament, (bon ou mauvais,) est toujours composé de contraires; mais il y a bien de la différence entre sçavoir faire un mêlange de contraires, ou sçavoir les emploier à propos alternativement. La réponse d'Apollonius à Vespasien est pleine d'instructions. Vespasien lui demandoit ce qui avoit causé la perte de Néron. *Néron*, dit-il, *sçavoit bien accorder sa harpe; mais dans le Gouvernement, quel-*

quefois il montoit les cordes trop
haut, & quelquefois trop bas. Il
eſt certain que rien n'affoiblit
tant l'autorité, que ce mauvais
accord du pouvoir quelquefois
porté trop haut, & quelquefois
trop relâché.

Il ſemble que les Miniſtres
de notre tems ne ſoient occu-
pés qu'à chercher de promts
remedes pour échapper aux
dangers prochains, au lieu de
ſonger à les prévenir par des
moiens ſolides & bien fondés.
Celui qui les attend, ſemble
défier la fortune, & vouloir lut-
ter contre elle; mais qui eſt-ce
qui peut éviter l'étincelle &
dire de quel côté elle partira?

Les difficultés dans les affaires des Princes ſont grandes &
en grand nombe; mais la plus
grande de toutes vient de leur
propre caractere. Il eſt ordinaire
aux Princes, dit Tacite, de ſou-

haiter des chofes qui fe contra-
rient : *Sunt plerumque Regum vo-*
luntates vehementes , & inter fe
contrariæ. C'eſt le folecifme ordinaire du pouvoir : comman-
der & vouloir la fin, fans permettre les moiens.

Les affaires des Rois font
avec leurs voifins , leurs femmes , leurs enfans, leurs Pré-
lats ou le Clergé , les Grands,
la Nobleffe, les Marchands, le
Peuple , & les Soldats ; & fans
les foins néceffaires , tout cela
eſt à redouter.

Premierement pour leurs
voifins, on ne peut donner de
regle générale, les occafions
font trop variables. Il y en a
une cependant qui eſt toûjours
bonne ; c'eſt que les Princes
veillent continuellement, pour
que pas un de leurs voifins de-
vienne plus puiffant & plus en
état de nuire, qu'il n'étoit au-

paravant, en augmentant ses
Etats, en s'approchant plus près
de leur côté, en s'attirant le
commerce, &c.

Les Rois Henri VIII. d'Angleterre, François I. Roi de
France, & l'Empereur Char-
les-Quint pendant leur Trium-
virat, veillerent tellement les
uns sur les autres, que pas un
des trois ne pouvoit gagner un
pouce de terrein, que les deux
autres aussi-tôt ne se liguassent
pour rétablir l'équilibre, & ils
ne faisoient point la paix, qu'ils
n'en fussent venus à bout. Il en
fut de même de cette ligue entre Ferdinand Roi de Naples,
Laurens de Médicis, & Loüis
Sforce, qui fut la sûreté de l'I-
talie, au rapport de Guichar-
din. L'opinion de quelques
Scolastiques doit être rejettée;
qu'il n'est pas permis de faire la
guerre, si l'on n'a point reçu

d'injure auparavant ; car une crainte légitime d'un danger éminent, eſt une occaſion licite de prendre les armes, ſans qu'aucune autre violence ait précedé.

A l'égard de leurs femmes, il y a des exemples cruels. Livie eſt infame pour avoir empoiſonné ſon mari. Roxelane, femme de Soliman, a perdu Muſtapha ce Prince célébre, & a cauſé de grands troubles dans la maiſon, & dans la ſucceſſion de ſon mari. La femme d'Edoüard II. contribua beaucoup à le faire chaſſer, & à ſa mort : ces dangers ſont principalement à craindre quand leurs femmes ont des enfans d'un premier mari, ou quand elles ont des amans.

Les enfans des Rois font joüer ſouvent de cruelles Tragedies, & ſouvent auſſi les ſoupçons des

peres ont caufé de très-grands
malheurs. La mort de Mufta-
pha, dont nous avons parlé,
fut fi fatale à la race de Soliman, que la fucceffion des
Turcs eft fort fufpecte depuis
ce tems ; car on a foupçonné
Selim II. d'avoir été fuppofé. La
mort de Crifpe, jeune Prince
de grande efpérance, que fon
pere Conftantin le Grand fit
mourir, a auffi été fatale à fa
maifon ; deux autres de fes fils
moururent de mort violente,
& le troifiéme Conftantin ne
fut guéres plus heureux : il
mourut de maladie, mais aprés
que Julien eut pris les armes
contre lui. La mort de Déme-
trius fils de Philippe II. Roi
de Macédoine, retomba fur
fon pere, qui en mourut de
chagrin & de repentir. Il y a
beaucoup d'exemples femblables à ceux - ci, & il n'y en a

presque point où il soit revenu
quelque bien aux peres d'avoir
attenté à la vie de leurs fils, à
moins qu'ils n'eussent pris les
armes contr'eux, comme Selim I. contre Bajazet, & les
trois fils d'Henri II. Roi d'Angleterre.

Pour les Prelats, il y a du
danger lorsqu'ils sont puis-
sans, comme les Archevêques
de Cantorbery Anselme, &
Thomas Becket, qui éleverent
leur crosse contre l'Epée Roia-
le, quoiqu'ils eussent affaire
à des Rois fiers & d'un grand
courage, Guillaume le Roux,
Henri I. & Henri II. Mais
ils ne sont pas à craindre, lorsque ce n'est pas le peuple,
mais le Roi ou des Patrons
particuliers, qui nomment aux
Bénéfices

Pour les Grands, il est bon de
les tenir dans une distance pro-

portionnée à ce qu'ils doivent au
Roi. En les abattant, on pourra rendre le Roi plus abfolu ;
mais auffi il fera moins affuré &
moins en état de venir à bout de
fes deffeins. Je l'ai remarqué
dans mon Hiftoire de Henri
VII. Roi d'Angleterre , qui les
opprimoit. De-là font venus les
troubles & les difficultés de fon
tems ; car quoiqu'ils fuffent fidéles, & qu'ils reftaffent dans
le devoir , cependant ne tra-
vaillant pas de concert avec lui
dans les affaires, il étoit obligé
de faire tout par lui-même.

La Nobleffe étant un corps
difperfé , n'eft pas dangereu-
fe ; elle peut parler haut, mais
fans faire grand mal : elle fert
de contrepoids aux Grands, &
les empêche de devenir trop
puiffans ; & comme elle touche au peuple de plus près ,
elle a auffi plus d'autorité fur

lui , & elle eſt plus propre à
tempérer les commotions populaires.

A l'égard des marchands, ils
ſont comme la *veine porte ;* &
s'ils ne fleuriſſent pas , un Roiaume peut avoir les membres &
les jointures bonnes, mais ſes
veines ſeront vuides & le nour-
riront mal. Les taxes qu'on im-
poſe ſur eux ne ſont point un
profit pour le Prince ; ce qu'il
gagne par le menu , il le perd
en gros ; les impôts en ſont aug-
mentés, mais le commerce eſt
diminué.

Le peuple n'eſt point à redouter, s'il n'a pas de grands &
puiſſans chefs , ou ſi on ne touche point à ſa religion , à ſes
anciennes coûtumes , & à ce
qui le fait vivre.

Les ſoldats ſont dangereux
quand on les garde ſur pied &
en corps, ou qu'ils ſont accoû-
tumés

tumés à des largesses. Nous en
voions l'exemple dans les Ja-
nissaires, & dans les Gardes
Prétoriennes de Rome ; mais
on peut lever des hommes &
les discipliner dans des endroits
différens & sous divers chefs
sans aucun danger ; & c'est un
usage fort utile pour défendre
l'Etat.

Les Rois sont semblables aux
corps célestes, qui rendent le
tems heureux ou malheureux,
qui sont très-brillans & dans
une grande élévation, mais
sans aucun repos ; tous les préceptes qu'on peut leur donner
sont compris dans ces deux
avis : *Memento quod es homo,* &
*memento quod es Deus, aut Vice-
Deus.* L'un pour servir de frein
à leur pouvoir, & l'autre à
leur volonté.

II. Partie. M

DE LA

VERITABLE GRANDEUR

DES ROYAUMES,

ET DES ETATS.

IL entroit trop de préfomp-
tion & de vanité dans ce que
Thémiftocle répondit un jour
en parlant de lui-même ; mais
s'il eût parlé de quelqu'autre,
fa réponfe eût été très-eftima-
ble. Quoiqu'il en foit, elle peut
fervir de matiere à de fages ré-
flexions. On le pria dans un
feftin de joüer du luth, il répondit *qu'il ne fçavoit point joüer*
de cet inftrument , mais que d'un
petit Bourg il en fçauroit faire une
grande ville. Ces paroles peuvent exprimer (par métapho-

re) deux talens fort différens
dans ceux qui font employés
aux affaires d'Etat. Car fi l'on
examine avec attention les
Conſeillers & les Miniſtres des
Rois, on en trouvera peut-être
quelqu'un qui fera capable d'a-
grandir un petit Etat, mais qui
ne fçaura point joüer du luth ;
& au contraire on en trouvera
beaucoup qui fçavent joüer du
luth & du violon, c'eſt-à-dire,
qui font experts dans les arts
de la Cour, mais qui ont fi peu
de capacité néceſſaire pour accroître un petit Etat , qu'il
femble même que la nature les
ait formés exprès pour ruiner
& pour détruire les Etats les
plus floriſſans. Certainement
ces arts vils & bas par leſquels
les Conſeillers & les Miniſtres
gagnent fouvent la faveur de
leur Maitre, & une forte de réputation parmi le peuple , ne

méritent pas un autre titre que
celui de Menétriers ou de Vio-
lons ; car ces fortes de talens
font feulement propres à amufer, & plûtôt une efpéce d'ornement dans celui qui les a ,
qu'ils ne peuvent être utiles &
avantageux pour l'aggrandiffe-
ment d'un Etat ou d'un Roiaume. Il eft vrai cependant qu'on
voit quelquefois des Miniftres
qui ne font point au - deffous
des affaires, qui font même capables de les bien conduire ,
d'éviter les dangers, & les inconveniens manifeftes, & qui
avec tout cela font fort éloi-
gnés de l'habileté néceffaire
pour étendre un petit Etat.
Mais de quelque efpéce que
foient les ouvriers, confiderons
l'ouvrage, & voyons quelle eft
la véritable grandeur d'un Etat,
& quels font les moyens de le
rendre floriffant. C'eft une cho-

se sur laquelle les Princes doivent refléchir sans cesse, pour ne pas s'engager dans des entreprises vaines & téméraires, en présumant trop de leurs forces; & aussi pour ne pas se prêter à des conseils bas & timides, en ne présumant pas assez de leur puissance.

A l'égard de l'étendue d'un Etat, elle peut se mésurer; ses finances & ses revenus se calculent; le Peuple se dénombre, & l'on voit les plans des villes. Mais il n'y a rien de plus difficile & de plus sujet à erreur, que de vouloir juger de la véritable force, de la puissance, & de la valeur intrinséque d'un Etat. Le Roiaume du ciel est comparé, non pas à une grosse noix, mais à un grain de moutarde, qui est un des plus petits grains, mais il a la proprieté de s'élever & de s'étendre en peu de tems. De même il y a des Etats d'une grandeur confiderable qui ne font point cependant propres à s'accroître, & d'autres, quoique petits, qui peuvent fervir de fondement à de très-grands Roiaumes. Des villes fortes, des arfenaux bien fournis, de bons harras, des chariots, des Elephans, des canons, & d'autres machines de guerre, ne font que des moutons couverts de la peau du lion, lorfque la nation n'eft point naturellement brave & guerriére : le nombre même ne fe doit pas confiderer, fi-les foldats manquent de courage ; car, comme dit Virgile, *Lupus numerum pecorum non curat* : le loup ne fe met pas en peine du grand nombre des moutons. L'Armée des Perfes fe préfenta aux Macédoniens dans les plaines d'Arbelles comme une inon-

dation d'hommes ; de forte
que les Généraux étonnés re-
préfenterent à Alexandre le pé-
ril où étoit fon armée , & lui
confeillerent d'attaquer les Perfes pendant la nuit ; mais il répondit , *qu'il ne vouloit pas déro-*
ber la victoire , & qu'elle étoit plus
facile qu'ils ne penfoient. Tigra-
ne l'Armenien étant campé fur
une hauteur, à la tête d'une
Armée de quatre cent mille
hommes, & voiant avancer celle des Romains qui n'étoit en
tout que de quatorze mille
combattans, dit en plaifantant
de ce petit nombre : *s'ils viennent*
pour une Ambaffade , ils font trop :
fi c'eft pour combattre, ils font trop
peu. Cependant avant la nuit,
il fe trouva qu'ils étoient affez
pour le mettre en fuite, & faire
un grand carnage de fes troupes. Il y a une infinité d'exemples qui font voir que la valeur

l'emporte sur le nombre, & l'on
doit convenir que le courage du peuple est le point capi-
tal de la grandeur d'un Etat. Il
est bien plus ordinaire, qu'il
n'est vrai, de dire que l'argent
est le nerf de la guerre. A quoi
sert-il quand les nerfs des bras
manquent, & que le peuple est
effeminé ? Solon eut raison de
répondre à Crésus qui lui fai-
soit voir son or : *Si quelqu'un*
vient qui ait de meilleur fer, il
vous enlevera tout cet or. Qu'un
Prince donc ne compte pas sur
ses forces, si son peuple n'est
pas belliqueux ; & au contraire
si son peuple est guerrier, qu'il
sçache qu'il est puissant, pourvû
qu'il ne se manque pas à lui -
même.

A l'égard des troupes auxi-
liaires, qui sont ordinairement
le reméde pour une nation qui
n'est point aguerrie, tous les
exemples

exemples montrent que qui se
repose dessus, pourra bien pour
un tems étendre ses aîles ; mais
qu'à la fin il perdra de ses plu-
mes.

La bénédiction de Juda &
celle d'Issachar ne se trouve-
ront jamais ensemble, c'est-à-
dire, que le même peuple soit
à la fois le jeune lion & l'âne
sous le fardeau. Un peuple trop
chargé de taxes ne sera jamais
guerrier ; mais celles qui sont
mises par le consentement de
l'Etat, abattent moins son courage, que celles qui sont impo-
sées par un pouvoir despotique,
comme on peut le remarquer
par les Afcises des Pays-Bas, &
les subsides d'Angleterre. Je
parle du courage, & non pas
des richesses ; car je sçai bien
que les taxes étant les mêmes,
qu'elles soient mises par le consentement de l'Etat, ou par un

II. Partie.   N

pouvoir abfolu, elles apauvrif-
fent également: mais elles feront un effet différent fur l'efprit des fujets; & de-là nous
pouvons conclure qu'un peuple furchargé d'impôts n'eft pas
propre pour l'Empire.

Les Royaumes & les Etats
qui afpirent à s'agrandir, doivent prendre garde que la Nobleffe ou les Gentilshommes ne
fe multiplient pas trop. Le peuple devient trop abattu, & efclave en effet des Gentilshommes. Comme un taillis où l'on
a laiffé trop de baliveaux ne
repouffe pas bien, & dégenére
en buiffon, de même dans un
Etat, s'il y a trop de Gentilshommes, le peuple fera fans
force & fans courage. De cent
têtes, pas une ne fera propre
pour le cafque; fur-tout pour
fervir dans l'infanterie, qui eft
la force d'une armée. Vous au-

rez donc beaucoup de monde & peu de forces. Ce fut avec une fageſſe admirable qu'Henri VII. Roi d'Angleterre (duquel j'ai parlé au long dans l'Hiſtoire que j'ai écrit de ſon regne) ordonna des terres & des maiſons d'une valeur certaine & moderée pour maintenir un ſujet dans une abondance ſuffiſante , & dans une condition qui ne fut pas ſervile. Il voulut auſſi que ce fût le propriétaire , ou du moins l'uſufruitier , & non pas des Métayers qui tinſſent la charruë , & qui cultivaſſent le champ. Cela produit dans un Etat ce que Virgile dit de l'ancienne Italie : *Terra potens armis , atque ubere gleba.* Cette partie du peuple , qui n'eſt je crois qu'en Angleterre & en Pologne , a auſſi ſon utilité pour la guerre, & ne doit pas être négligée, je

N ij

veux dire ce grand nombre de
valets qui suivent les Nobles; &
sans doute que la magnificen-
ce, la splendeur de l'hospitali-
té, & un grand cortége de do-
mestiques, comme si c'étoit des
gardes (suivant la maniere des
Seigneurs d'Angleterre), contribue beaucoup à la puissance
d'un Etat militaire; & au contraire une maniere de vivre
obscure & privée parmi la Noblesse, ternit l'éclat des armes.

Il faut avoir soin que le tronc
de l'arbre de la Monarchie
de Nabuchodonosor soit assez
grand, & qu'il ait assez de force pour porter les branches,
c'est-à-dire, que les sujets naturels soient en assez grand
nombre pour contenir les E-
trangers. C'est pour cela que les
Etats qui accordent facilement
des Lettres de naturalité, sont
propres pour l'Empire. Il seroit

ridicule de penfer qu'une poi-
gnée de gens, quelque capacité
& quelque courage qu'ils euf-
fent, puffent retenir fous leur
domination une grande étendue de pays, du moins pour
long-tems. Les Lacédemoniens
accordoient difficilement des
Lettres de naturalité ; ce qui
fut caufe que pendant que leur
Etat ne s'accrût pas, leurs affaires fe conferverent en bon ordre : mais fi-tôt qu'ils s'éten-
dirent, & qu'ils devinrent trop-
grands pour le nombre des fujets naturels qu'ils avoient, ils
tomberent en décadence. Jamais Etat n'a naturalifé les E-
trangers fi facilement que les
Romains, & leur fortune répondit à cette prudente maxime ;
puifque leur Empire a été le
plus grand qui fût jamais. Ils accordoient facilement ce qu'on
appelle *jus civitatis*, & dans le

N iij

plus haut dégré;c'eſt-à-dire, non
ſeulement *jus commercii, jus con-
nubii, jus hæreditatis,* mais auſſi
jus ſuffragii, & *jus petitionis ſive
honorum,* le droit des honneurs;
& non ſeulement à quelques
perſonnes en particulier, mais
à des familles entieres, à des
villes, & quelquefois à des
Nations. Ajoûtez à cela leur
coûtume d'envoier des colonies
parmi les autres peuples. Si
vous faites attention à ces ma-
ximes, vous ne direz plus que
les Romains ont couvert toute
la terre, mais que toute la terre
s'eſt couverte de Romains; &
c'étoit la meilleure voie pour
arriver à la grandeur. Je me ſuis
ſouvent étonné comment l'Eſpagne avec ſi peu de ſujets naturels pouvoit conſerver ſous
ſa domination tant d'Etats &
de Provinces. Mais l'Eſpagne
eſt bien plus grande que n'étoit

Sparte dans ſes commence-
mens, & quoiqu'il arrive rarement que les Eſpagnols accordent des Lettres de naturalité,
ils font ce qui en approche davantage , en prenant indiffé-
remment des ſoldats de toutes
les Nations , & même ſouvent
leurs Généraux ſont étrangers. Il paroît par la Pragmati-
que Sanction publiée cette an-
née, qu'ils ſont fâchés de man-
quer d'habitans , & qu'ils veulent y remedier.

Il eſt certain que les arts
ſédentaires & caſaniers qui
s'exercent plûtôt avec les doigts
qu'avec les bras, ſont contraires de leur nature à une diſpo-
ſition militaire. Les peuples
belliqueux aiment ordinairement l'oiſiveté , & préferent le
danger au travail. On ne doit
pas trop réprimer cette inclination , ſi l'on veut conſerver

leur courage. C'étoit un grand
avantage à Sparte, à Rome, à
Athénes de ce que la plus grande partie de leurs ouvriers
étoient des esclaves. Mais la
Loi Chrétienne a presque aboli
cet usage. Ce qui en approche
le plus, c'est d'avoir des Etrangers pour ces sortes d'ouvrages ;
de tâcher de les attirer, ou pour
le moins de les bien recevoir
quand ils viennent. Mais les
sujets naturels doivent être de
trois espéces: des laboureurs ,
des valets, & des ouvriers:
c'est-à-dire, de ceux qui se ser-
vent de leurs bras & de leurs
forces, comme forgerons, ma-
çons, charpentiers , &c. sans
compter les soldats. Sur-tout
rien ne contribue davantage à
la grandeur d'une Nation, que
lorsqu'elle est portée aux armes par son inclination ; qu'elle
les regarde comme son plus

grand honneur ; qu'elle en fait
fa principale occupation , &
fa premiere étude. Car ce que
nous avons dit jufqu'à préfent,
fert feulement à rendre une
Nation capable de faire la guerre ; mais à quoi fert la capacité
& le pouvoir, fans l'inclination & l'action ? Les Romains
prétendoient que Romulus
après fa mort leur avoit envoié
cet oracle & cette inftruction ;
Qu'ils s'appliquaffent aux armes,
fur toutes chofes , s'ils vouloient
parvenir à l'Empire du monde.
Toute la conftitution du Gouvernement de Sparte tendoit
auffi à ce point *que fes Citoyens*
devinffent guerriers, mais avec
une intention plus fage que
bien digerée. Celui des Perfes
& des Macédoniens vifoit encore pendant quelque tems à
ce but. Les Gaulois, les Alle-
mands, les Scythes, les Saxons,

les Normands, & quelques autres, ont eû durant long-tems
la même intention ; & les Turcs
la témoignent encore aujour-
d'hui , quoiqu'ils foient fort
déchûs. Mais dans la Chrétien-
té, les Efpagnols paroiffent les
feuls qui y penfent. Il eft évi-
dent que chacun profite dans
la chofe à laquelle il s'applique
le plus , & c'eft affez d'avoir
fait remarquer que toute Nation qui ne s'adonne pas aux
armes , doit attendre que la
grandeur vienne s'offrir ; &
qu'il eft fûr au contraire que
les Nations qui s'y attachent
avec conftance, font de très-
grands progrès, comme on peut
le voir par l'exemple des Romains & des Turcs ; & ceux
même qui ne fe font adonnés à
la guerre que pendant un fié-
cle, font parvenus à une grandeur qui les a foûtenus long-

tems, après avoir négligé l'é-
xercice des armes. Il eſt donc
néceſſaire, ſuivant ces préceptes, qu'un Etat ait des loix &
des coûtumes qui puiſſent four-
nir communément de juſtes occaſions, (ou pour le moins des
prétextes plauſibles) de faire la
guerre. Car les hommes ont naturellement de la vénération
pour la juſtice, & n'entrepren-
nent pas volontiers la guerre
qui entraîne après elle un ſi
grand nombre de maux, excep-
té qu'elle ne ſoit fondée ſur un
bon, ou du moins ſur un ſpé-
cieux prétexte. Les Turcs en
ont toujours un quand ils veulent s'en ſervir, qui eſt la pro-
pagation de leur foi ; & quoique la République Romaine
accordât de grands honneurs
aux Généraux, qui par leurs
victoires donnoient plus d'é-
tenduë à ſon Empire, cepen-

dant elle n'a jamais, (du moins
en apparence,) entrepris une
guerre dans le feul deffein de
s'aggrandir. Il faut donc qu'une
Nation qui fonge à l'Empire,
foit fort alerte fur les différends
qui naîtront à l'égard de fes
limites, de fon commerce, ou
du traitement de fes Ambaffadeurs, & qu'elle ne temporife
point quand on la provoque :
il faut auffi qu'elle foit promte
à envoier du fecours à fes alliés.
C'eft ainfi que les Romains en
ont toujours ufé, fi un de leurs
Alliés étoit attaqué, & qu'il eût
auffi une ligue défenfive avec
d'autres Nations ; s'il demandoit du fecours, les Romains
vouloient toujours être les premiers à lui en envoyer, ne fe
laiffant jamais prevenir dans
l'honneur du bienfait.

A l'égard des guerres qui fe
faifoient anciennement en fa-

v veur de la conformité des Gou-
v vernemens, & par une correſ-
q pondance tacite, je ne vois pas
ſ ſur quels droits elles étoient
ſ fondées, comme celle des Ro-
ſ mains, pour la liberté de la
ſ Gréce ; & celle des Lacedémo-
ſ niens & des Athéniens, pour
établir, ou pour détruire les
Démocraties & les Oligar-
chies. Telles ſont encore celles
que font les Princes ou les Ré-
publiques, pour délivrer de la
tirannie les ſujets d'autrui. Mais
il ſuffit à cet égard d'avertir
qu'une Nation ne doit pas aſ-
pirer à la grandeur, ſi elle ne
ſe reveille ſur toutes les occaſions de s'armer qui pourront
s'offrir.

Nul corps, ſoit naturel ou
politique ne peut ſe conſerver
en ſanté ſans exercice. Une
guerre juſte & honorable eſt
pour un Roiaume, ou pour un

Etat l'exercice le plus salutaire.
Une guerre civile est semblable à la chaleur de la fiévre ;
mais une guerre étrangere peut
se comparer à la chaleur cau-
sée par l'exercice, qui conserve
le corps en santé. Une longue
paix amollit les courages & corrompt les mœurs. Il est avantageux, je ne dis pas pour la
commodité, mais pour la grandeur d'un Etat, qu'il soit presque toujours en armes ; & quoiqu'il en coûte beaucoup pour
avoir perpétuellement une armée sur pied, c'est cependant
ce qui rend un Prince ou un
Etat l'arbitre de ses voisins, ou
qui le met pour le moins en
une grande estime ; & l'Espa-
gne en est une preuve, elle a
toujours eû depuis six vingt
ans une armée entretenue d'un
côté, ou d'un autre.

Celui qui se rend maître sur

n mer, va à la Monarchie uni-
v verfelle par le plus court che-
t min. Ciceron écrivant à Atti-
, cus, lui mande au fujet des
préparatifs de Pompée contre
Céfar : *Confilium Pompei planè*
Themiftocleum eft ; putat enim qui
mari potitur eum rerum potiri. Et
fans doute Pompée auroit à la
fin laffé Céfar, fi par une confiance trop vaine il n'eût pas
changé fon premier plan.

Nous voions les grands effets
des batailles navales par celle
d'Actium qui décida de l'Empire du monde, & par celle de
Lépante qui a arrêté les progrès des Turcs. Il arrive fouvent
qu'un combat naval met fin à
une guerre ; mais c'eft quand
les puiffances ennemies veulent
remettre à une bataille la décifion de leur querelle. Car il
eft certain que celui qui eft le
maître de la mer, joüit d'une

grande liberté, & qu'il met à la guerre les bornes qu'il lui plaît ; au lieu que par terre celui même qui est supérieur, a cependant quelquefois beaucoup de difficultés à surmonter pour en venir à une affaire décisive. La puissance navale de la Grande - Bretagne est aujourd'hui d'une extrême importance pour elle, non - seulement parce que le plus grand nombre des Etats de l'Europe font presque environnés de la mer, ou du moins qu'elle les touche de quelque côté, mais aussi parce que les tréfors des Indes paroiffent un accessoire à l'empire de la mer. Il semble que les guerres d'àprésent foient faites dans l'obscurité, en comparaison de toute cette gloire ancienne, & de tout cet honneur qui rejailliffoit autrefois fur les gens de guerre. Nous n'avons

vons pour exciter le courage que quelques ordres militaires, & qu'on a encore rendus communs à la robe & à l'épée ; quelques marques fur les armes, & quelques hopitaux pour les foldats hors d'état de fervir par leur âge ou par leurs bleffures. Mais anciennement les trophées dreffés fur les champs de bataille, les oraifons funébres à la loüange de ceux qui avoient été tués, & les tombeaux magnifiques qu'on leur élevoit, les couronnes civiques & murales, le nom d'Empereur que les plus grands Rois ont pris dans la fuite, les célébres triomphes des Généraux victorieux, les grandes libéralités que l'on faifoit aux armées avant que de les congédier ; toutes ces chofes, dis-je, étoient fi grandes, en fi grand nombre, & fi brillantes, qu'elles fuffi-

II. Partie.   O

ſoient pour donner du courage & porter à la guerre les
cœurs les plus timides. Mais
ſur-tout la coûtume des triomphes chez les Romains, n'étoit
point un vain ſpectacle , mais
un établiſſement noble & prudent , qui renfermoit en lui ces
trois points eſſentiels : la gloire
& l'honneur des Généraux,
l'augmentation du tréſor public , & des gratifications pour
les ſoldats. Mais peut-être que
cet honneur éclatant du triomphe ne convient pas dans les
Etats Monarchiques, ſi ce n'eſt
en la perſonne des Rois ou de
leurs fils. C'eſt ainſi que les Romains en uſerent dans le tems
des Empereurs qui ſe réſer-
voient & à leurs fils l'honneur
du triomphe pour les guerres
qu'ils avoient achevées en perſonne , & n'accordoient aux
Généraux que la robe, & quel-

ques autres marques de triomphe.

Pour finir ce difcours, perfonne (comme l'Ecriture-fain-
te le dit) ne peut ajoûter par
fes foins une coudée à fa ftatu-
re ; mais dans la fabrique des
Roiaumes & des Etats, il eft au
pouvoir des Princes & de ceux
qui gouvernent , d'augmenter
& d'étendre leur Empire. Car
en introduifant avec prudence
des Loix & des Coûtumes femblables ou peu différentes de
celles que nous avons propofées
ici , il eft fûr qu'ils jetteront
fur leur poftérité une femen-
ce de grandeur. Mais ordinairement les Princes ne penfent
pas à ces chofes, & laiffent à la
fortune d'en décider.

DES TROUBLES,

ET DES

SEDITIONS.

IL faut que ceux qui ont en main le timon du Gouvernement ſçachent prévoir les tempêtes d'Etat : elles ſont ordinairement plus à craindre, lorſque les choſes approchent de l'égalité, comme les tempêtes naturelles ſont plus fréquentes vers les Equinoxes ; & de même encore qu'il y a quelquefois des coups de vent creux, & que la mer s'enfle ſecretement, quelquefois auſſi l'Etat s'émeut & ſe trouble, ſans qu'on en connoiſſe la cauſe.

. . . Ille etiam cæcos inſtare tu-
multus

Sæpè monet fraudes, & operta
tumescere bella.

Les libelles, les discours li-
centieux contre l'Etat, quand
ils sont fréquens & publics, des
bruits désavantageux contre
ceux qui gouvernent, répandus
de tous côtés & bien reçus, sont
les présages des troubles. Virgile appelle la renommée la sœur
des Géants.

Illa terra parens ira irritata
Deorum.

Extremam ut perhibent Cœo
Enceladoque sororem, &c.

Comme si elle étoit un reste
de ces anciennes rebellions que
les Poëtes ont chantées. Il est
sûr du moins qu'elle annonce,
& qu'elle précede ordinairement toutes les séditions. Il

remarque auffi avec raifon que
les bruits féditieux & les féditions ne différent enfemble que
comme frere & fœur, mâle &
femelle. S'il arrive fur-tout que
les actions les plus loüables qui
mériteroient l'applaudiffement
du peuple, & qui devroient
gagner fon affection, foient ca-
lomniées & interprétées en mal,
c'eft une preuve certaine que
les efprits font pleins de venin
& d'envie, comme dit Tacite :
Conflata magnâ invidiâ, feu benè,
feu malè gefta premunt. Mais
quoique la renommée pronofti-
que les troubles, ce n'eft pas à
dire qu'en lui impofant filence, on foit fûr de les étouffer :
fouvent même le mépris qu'on
montre pour les bruits qu'elle
répand, les fait évanoüir, & le
foin qu'on fe donne pour les
appaifer, fait qu'ils durent davantage.

On doit auffi avoir pour fufpecte cette obéïffance, dont
parle Tacite : *Erant in officio, fed
tamen qui mallent mandata imperantium interpretari, quàm exe-
qui.* Les contrariétés, les excufes, les échapatoires aux ordres
que donne le Gouvernement,
eft une maniere de fecoüer le
joug, & un effai de défobéïffan-
ce ; fur-tout fi ceux qui donnent les ordres parlent avec ti-
midité, & ceux qui les reçoivent avec audace.

Il eft certain auffi, (comme
Machiavel le remarque,) que
lorfque les Princes, qui doivent être les peres communs,
fe joignent à une faction, l'E-
tat eft en danger de périr ;
de même qu'un batteau qu'on
auroit trop chargé d'un côté.
L'exemple fur ce fujet d'Henri
III. Roi de France eft très-
notable ; il fe joignit au com-

mencement à la Ligue pour entretenir les Proteſtans, & bientôt après la même Ligue ſe tourna contre lui. Quand l'autorité du Prince devient un acceſſoire à une autre cauſe, & qu'une obligation plus forte que le lien du Gouvernement, occupe cette place, c'eſt le premier pas de la décadence du Souverain. Quand auſſi les diſcordes, les querelles, & les factions éclattent ouvertement, c'eſt une marque que le reſpect pour le Gouvernement eſt entierement perdu. Les mouvemens des Grands doivent être comme celui des Planettes qui ſe tournent avec rapidité par l'impulſion du premier mobile, & doucement de leur propre mouvement. Il s'enſuit donc que ſi les Grands agiſſent de leur chef avec violence, &, comme dit Tacite, *libériùs quàm*

quàm ut imperantium meminis-
sent, c'est une marque infaillible qu'ils ne sont point dans
leur sphére naturelle. Dieu a
ceint les Rois de la ceinture de
la vénération, qu'il ménace
quelquefois de rompre : *solvam*
angula Regum. Si l'un des quatre
piliers du Gouvernement est
ébranlé, c'est-à-dire, la Religion, la Justice, le Conseil, ou
le Trésor, on doit bien prier
pour le calme. Mais laissons
pour le present ces pronostiques
des troubles, sur lesquels nous
ajoûterons encore quelques é-
claircissemens dans la suite, &
parlons de la matiere qui forme
la sédition, de leur cause, de
leurs motifs, & enfin des remédes qu'on peut y apporter.

La matiére des séditions mérite d'être considerée ; car le
moien le plus sûr de prévenir le
mal (si le tems le permet) c'est

II. Partie. P

d'enlever cette matiere. Quand les matieres combuſtibles ſont préparées, il eſt difficile de prévoir de quel côté viendra l'étincelle qui doit y mettre le feu.

Il y a deux matiéres différentes de ſéditions ; une indigence exceſſive & un grand mécontentement. Chaque fortune ruinée eſt une voix pour le trouble. Lucain repréſente bien quel étoit l'état de Rome avant la guerre civile :

> *Hinc uſura vorax, rapidumque*
> *in tempore fœnus.*
> *Hinc concuſſa fides, & multis*
> *utile bellum.*

Ce *multis utile bellum* eſt une marque certaine qu'un Etat eſt diſpoſé au trouble & à la ſédition ; ſi l'indigence des Grands ſe joint à la miſere du peuple, le danger eſt éminent. Les rébellions qui viennent du ven-

tre, font les pires de toutes.
Le mécontentement du peuple
dans le corps politique eft femblable à l'humeur bilieufe dans
le corps naturel, qui s'échauffe
& s'enflamme aifément. Mais
le Prince ne doit pas méfurer le
danger par la juftice, ou l'injuf-
tice de la caufe qui irrite le
peuple ; ce feroit l'eftimer trop
raifonnable, lui qui ne connoît
pas fon propre bien, & qui s'y
oppofe fouvent : il ne doit pas
auffi s'arrêter à la grandeur ou
à la petiteffe de la caufe qui produit le mécontentement. Car
les mécontentemens les plus
dangereux font ceux où l'on
craint plus, qu'on ne reffent ;
dolendi modus timendi non idem :
outre que dans les grandes op-
preffions, ce qui irrite la patien-
ce, affoiblit le courage. Mais
ce qui augmente la crainte,
peut produire un effet tout dif-

férent. On ne doit pas auſſi méprifer les mécontentemens, parce qu'ils ont ſubſiſté long-tems ſans éclater. Si toutes les vapeurs ne produiſent pas un grand orage, & qu'elles paroiſ-ſent quelquefois ſe diſſiper, il eſt ſûr cependant qu'elles tom-beront en quelque endroit ; & ſuivant le proverbe Eſpagnol, *à la fin un rien rompra la corde.*

Les cauſes des ſéditions ſont, des innovations dans la Reli-gion, les taxes, les change-mens des Loix & des Coûtu-mes, le violement des privilé-ges, une oppreſſion univerſelle, l'élevation de gens indignes, les Etrangers, les famines, les ſoldats congédiés, les factions jettées dans le déſeſpoir, & tout ce qui en offençant unit en même tems.

A l'égard des remédes, on peut donner en général quel-

ques préfervatifs dont nous par-
lerons ; mais le vrai reméde
doit être proportionné au mal
particulier : & c'eft plûtôt au
confeil, qu'au précepte, d'en
ordonner la compofition.

Le premier reméde, ou plûtôt la premiere précaution qu'-
on doit prendre , c'eft d'ôter
s'il eft poffible , cette caufe principale des féditions, (dont nous
avons parlé,) qui eft l'indigence & la pauvreté. Les meil-
leurs moyens pour cela, font,
de faciliter & de bien établir
le commerce , d'encourager les
manufactures, de ne pas fouf-
frir de fainéantife, de réprimer
le luxe par les Loix fomptuai-
res, de faire valoir les terres en
les cultivant avec grand foin,
d'établir des prix fur les mar-
chandifes , de modérer les taxes & les impôts, &c. Il faut
avoir auffi la précaution que le

nombre des habitans, sur-tout en tems de paix, ne soit pas trop grand par proportion au produit du pays qui les doit nourrir, & ce n'est pas seulement au nombre qu'il faut regarder ; car un petit nombre d'hommes qui dépense beaucoup & qui gagne peu, épuise plus un Etat, qu'un plus grand nombre qui dépensent beaucoup moins & qui gagnent davantage.

Multiplier trop la Noblesse, en comparaison du peuple, appauvrit bien - tôt un Etat ; de même qu'un Clergé nombreux qui dépense le revenu sans cultiver le fonds. C'est aussi un défaut, lorsqu'il y a dans un Etat plus de gens qui s'appliquent aux sciences, qu'il n'y a de places à leur donner. Il faut encore se souvenir que l'augmentation des richesses

d'un Etat vient des Etrangers,
parce que ce que l'un gagne,
les autres le perdent. Il n'y a
que trois chofes par le moyen
defquelles une Nation tire de
l'argent d'une autre Nation ;
le produit du païs, celui des manufactures, & les voitures. Si
ces trois chofes vont bien, les
richeffes viennent vîte. Il arrivera fouvent, que *materiam fu-*
perabit opus : c'eſt-à-dire, que la
main de l'ouvrier & le tranf-
port vaudront plus que la matiere, & enrichiront davantage
un Etat, comme on le voit
dans les Pays - Bas qui ont de
ces fortes de mines, qui fans
être fous terre, font les plus
riches du monde. Sur-tout il
faut que le Gouvernement
prenne foin que le tréfor ne
tombe pas entre les mains de
peu de perfonnes, fans quoi
l'Etat peut périr par la faim en

poſſédant beaucoup de richeſ-
ſes. L'argent eſt ſemblable au
fumier qui ne fait aucun bien,
s'il n'eſt diſperſé ſur la terre.
On parvient à ce qui eſt néceſſaire à cet égard, en ſuppri-
mant, ou du moins en bridant
le devorant commerce de l'u-
ſure, celui des monopoles, &
en ne permettant pas qu'on
mette en pâturage un trop
grand nombre de terres.

A l'égard des moyens d'ap-
paiſer les mécontentemens, ou
du moins de diminuer les dangers qui en naiſſent, chaque
Etat, comme nous ſçavons, eſt
compoſé de deux ſortes de gens,
la Nobleſſe, & le peuple. Le
mécontentement de chacun
des deux en particulier, n'eſt
pas fort dangereux ; car le mouvement du peuple ſans l'inſti-
gation de la Nobleſſe, eſt lent;
& la Nobleſſe eſt foible, ſi le

peuple ne fe trouve pas difpofé aux troubles. Le plus grand danger, c'eſt quand la Nobleſſe attend feulement pour fe déclarer, que le peuple faſſe éclater fon mécontentement. Les Poëtes feignent que les habitans du Ciel ayant conjuré contre Jupiter, & réſolu de le lier, appellerent Briarée à leur aide par le conſeil de Minerve. C'eſt fans doute un emblême pour faire concevoir aux Rois, combien il eſt utile pour eux de gagner la bonne volonté du peuple, & que toute leur ſûreté en dépend. Il eſt bon de permettre à la douleur & au mécontentement de s'exhaler un peu, pourvû que ce ſoit fans infolence & fans audace. Quand on fait rentrer les humeurs, & que la playe faigne en dedans, il en fort des ulcères & des apoſtumes très-dange-

reuses. La reſſource d'Epimethée conviendroit fort à Pro-
methée ; il n'y a point de meilleur reméde pour prévenir le
déſeſpoir. Quand Epimethée
eut ouvert la boëte de Pandore,
& que tous les maux furent ſor-
tis, il la ferma à la fin, & garda
l'eſpérance dans le fond. Quand
on ſçait nourrir adroitement
l'eſpérance dans les hommes, &
les mener d'une eſpérance à
l'autre, c'eſt le meilleur anti-
dôte contre le venin du mécontentement. Il n'y a point de
plus ſûre marque de la prudence d'un Gouvernement, que
lorſqu'il ſçait retenir les hommes par l'eſpérance, & quand
dans l'impoſſibilité de les ſatis-
faire, il ménage cependant les
choſes, de maniere que le mal
ne paroiſſe pas ſi preſſant qu'il
ne leur reſte encore une lueur
d'eſpérance. Non - ſeulement

les particuliers, mais même les factions s'en laissent flatter, ou du moins elles veulent souvent pour leur gloire, braver des dangers qu'elles ne croient pas bien certains.

Une excellente précaution, & très-connue contre le danger du mécontentement, c'est d'éviter avec soin qu'un peuple revolté n'ait point de chef convenable ; j'appelle un chef convenable, celui qui a de la naissance & de la réputation, qui est agréable aux mécontens, & qui est regardé lui-même comme mécontent. Un tel homme doit être gagné sûrement & solidement par le Gouvernement, ou du moins il doit faire en sorte que quelqu'autre de même parti, s'oppose à lui, partage sa réputation, & l'affection du peuple. Ce n'est point encore un reméde à mé-

prifer, que de femer des divi-
fions, ou du moins faire naître
des défiances parmi les ennemis
du Gouvernement, qui eft en
grand danger, fi les bien-inten-
tionnés font en difcorde, &
qu'il y ait beaucoup d'union entre les mécontens.

J'ai remarqué que des bons
mots & des réparties vives de
la part des Princes, ont été
fouvent des étincelles de féditions. Céfar fe fit grand tort
par ce mot qu'il laiffa échapper inconfidérément : *Sylla nef-*
civit litteras, dictare non potuit.
Quand il fut le maître à Rome,
on n'efpera plus qu'il fe démît
de la Dictature. Galba fe perdit
pour avoir dit, *legi à fe militem,*
non emi ; car par-là les foldats
n'efpererent plus de faire paier
leurs fuffrages. Probus de même pour avoir dit : *Si vixero,*
non opus erit amplius Romano Im-

perio militibus ; ce qui mit les
foldats au défefpoir. Il y a encore de pareils exemples. Les
Princes doivent bien prendre
garde à ce qu'ils difent dans
ces tems délicats & difficiles,
fur-tout à l'égard de ces mots
qui échappent par vivacité, &
qui partent ordinairement du
cœur. Les longs difcours ne
font pas tant d'impreffion, &
font moins remarqués. Finale-
ment les Princes doivent toujours avoir auprès d'eux quelques perfonnes d'un courage
diftingué & d'une grande expérience à la guerre, pour réprimer les féditions dans leurs
commencemens ; fans quoi il y
a ordinairement dans les Cours
beaucoup de confufion & d'é-
pouvante qui mettent l'Etat en
danger. Tacite dit : *Atque is ani-*
morum habitus fuit, ut peffimum
facinus auderent pauci, plures

vellent, omnes paterentur. Mais on doit être assuré de la fidélité & de la probité des Généraux. Ils ne doivent être ni fâcheux ni trop populaires ; & il est nécessaire aussi qu'ils vivent en bonne intelligence avec les autres Grands : autrement le reméde seroit pire que le mal.

DES
FACTIONS,
ET DES
PARTIS.

Plusieurs politiques font d'un fentiment que je ne fçaurois approuver. Ils penfent qu'un Prince dans le Gouvernement de fon Etat, ou un Grand dans la conduite de fes actions, doit ménager par préference la faction ou le parti le plus puiffant. Il me femble au contraire qu'une prudence plus rafinée demande qu'on s'attache à difpofer des chofes qui font générales, & fur lefquelles les différens partis s'accordent, ou à traiter avec les factieux, & les

gagner chacun en particulier ;
je ne dis point cependant qu'il
ne soit pas avantageux en général de s'attirer la confideration
des factions & des partis.

Lorsque les perfonnes fans
fortune veulent s'élever, elles
doivent s'attacher à un parti ;
mais les Grands & ceux qui ont
déja du pouvoir, feront plus
fagement de fe tenir neutres.
Ceux qui ne cherchent que
leurs avantages particuliers, fe
font, pour ainfi dire, un chemin
à travers les factions, en s'atta-
chant à l'une, avec la précaution
de ne fe point rendre odieux à
l'autre.

La faction la plus foible s'u-
nit ordinairement d'une maniere plus ferme & plus conftante ;
& on peut remarquer qu'un petit nombre réfolu & opiniâtre,
l'emporte affez fouvent fur un
grand nombre plus modéré.

Quand

Quand une des factions eſt éteinte, l'autre ſe diviſe en deux factions nouvelles, comme celle de Luculle, & des principaux du Sénat, qui ſe ſoutint quelque tems avec aſſez de vigueur, contre celle de Pompée & de Céſar. Mais lorſque l'autorité du Sénat & des Grands fut tombée, la faction de Céſar & de Pompée ſe diviſa. Il en fut de même de la faction d'Antoine & d'Auguſte, contre Brutus & Caſſius ; Auguſte & Antoine rompirent enſemble auſſi-tôt que la faction contraire fut abatue. Ce ſont des exemples de factions qui ont fait une guerre ouverte ; mais il en eſt de même de toutes les factions.

Celui qui eſt le ſecond dans un parti, devient quelquefois le premier, quand le parti ſe diviſe. Quelquefois auſſi il perd entierement ſon crédit. Car, ſi sa force vient de l'opposition, comme il arrive souvent, & que cette opposition manque, il n'est plus d'aucune utilité.

On voit des gens qui changent de parti, quand ils sont une fois en place, croiant peut-être être assurés du premier, & qu'il est à propos de faire de nouveaux amis. Il arrive aussi assez souvent qu'un traître avance ses affaires, parce que si l'équilibre entre les deux se trouve égal pendant un tems, celui qui passe de l'un à l'autre fait pancher la balance, & donne un avantage considérable, dont on lui a toute l'obligation.

Une conduite modeste & mesurée entre deux factions ennemies, n'est pas toujours un effet de modération ; souvent c'est un dessein artificieux de tirer avantage des deux partis

pour son intérêt particulier.
Lorsqu'en Italie le public nomme le Pape siégeant *Padre commune*, c'est une marque qu'on le soupçonne d'être occupé, preférablement à tout, de la grandeur de sa famille.

Les Rois doivent bien se garder de se joindre à aucune des factions de leurs sujets, elles sont toujours pernicieuses aux Monarchies ; elles introduisent des obligations plus fortes que l'obéissance dûe à la souveraineté, & rendent le Souverain *tanquam unum ex nobis*, comme on a vû du tems de la ligue de France. C'est une marque de foiblesse dans le Prince, lorsque les factions deviennent trop puissantes, & qu'elles font trop d'éclat, & rien n'est plus préjudiciable à ses affaires & à son autorité.

Le mouvement des factions

& des partis dans un Etat Mo-
narchique , doivent dépendre
du Prince ; il doit en être le premier mobile, c'est-à-dire , que
leur mouvement doit ressem-
bler à celui des globes infé-
rieurs (ainsi que s'expriment
les Astronomes) qui ont leur
mouvement propre , mais qui
obéissent, & qui sont détermi-
nés par le premier mobile.

DES COLONIES.

LES Colonies font les plus héroïques ouvrages de l'Antiquité. Le monde dans fa jeuneffe faifoit plus d'enfans qu'il n'en fait à préfent qu'il eft vieux ; car je crois qu'on peut appeller les nouvelles Colonies les enfans des plus anciennes Nations. Il faut prendre garde quand on envoie des Colonies, de ne pas dépeupler un pays pour en peupler un autre, ce feroit une extirpation, plûtôt qu'une tranfplantation.

Il en eft d'une Colonie comme d'un bois qu'on plante : on ne doit pas efpérer d'en tirer aucun fruit avant vingt ans, & on ne peut en attendre de grands profits, qu'après un très-long terme. L'avidité du gain précoce a ruiné la plûpart des Colonies dès leur commencement ; cependant on ne doit pas négliger un profit qui vient vîte , lorsque le fonds qui le produit, c'est-à-dire , la Colonie , n'en souffre pas.

C'est une chose honteuse & très-mal entendue , de former les Colonies de la lie du peuple, comme des malfaiteurs , des bannis , & des condamnés ; c'est la corrompre & la perdre d'avance : ces gens-là vivent toûjours mal , sont paresseux , ne s'emploient à rien d'utile , commettent des crimes , consument les provisions, s'ennuient d'abord, & ne manquent pas d'envoier de fausses relations dans leur pays, au préjudice de la Colonie. Les gens qu'on doit choisir par préférence , sont, des Jardiniers, des Laboureurs, des Forgerons, des Charpentiers, des Chaſſeurs, des Pêcheurs, quelques Apoticaires & Chirurgiens, des Cuiſiniers, des Boulangers, des Braſſeurs, &c.

Commencez par obſerver quelles denrées le pays produit naturellement, & ſans culture ; ſçavoir ou des chataignes, ou des pommes, ou des noix, ou des olives, ou des dattes, ou des Pommes de Pin, ou des prunes, ou des ceriſes, ou du miel ſauvage, &c. & faites d'abord uſage de toutes ces choſes. Examinez enſuite ce qu'il peut produire de ce qui ſe recuëille le plus vîte, comme des panets, des oignons, des navets & des raves ; du blé de Turquie ou mays, des artichaux, &c. Le froment, l'orge & l'avoine demandent trop de travail dans les commencemens ; mais on peut femer des féves & des pois qui viennent fans beaucoup de culture, & qui dans le befoin, peuvent tenir lieu de pain & de viande ; le ris a auffi la même qualité & produit beaucoup : fur-tout on doit s'être muni d'une grande provifion de bifcuit, & de toutes fortes de farine pour nourrir la Colonie, jufqu'à ce qu'elle puiffe recuëillir du blé dans le pays.

A l'égard des bêtes & des oifeaux, prenez ceux qui font le moins fujets aux maladies & qui multiplient davantage, comme des cochons, des chévres, des poules, des oyes, des dindons, des pigeons, des lapins, &c. Les provifions doivent être diftribuées par ration, & comme dans une ville affiegée.

Il

Il faut que le terrein qu'on
emploie au jardinage & au la-
bour soit un bien commun, &
qu'on fasse des magasins de ce
qu'il produira. On peut cependant en excepter quelques petits morceaux, & en laisser la
joüissance à des particuliers
pour exercer leur industrie.
Examinez aussi les denrées que
le pays produit naturellement,
pour en faire des transports au
profit de la Colonie ; comme
l'on a fait à l'égard du tabac à
la Virginie. Mais prenez garde,
comme je vous l'ai déja dit, de
ne pas faire ces entreprises au
détriment de la Colonie.

On ne trouve ordinairement
que trop de bois ; mais c'est une
bonne marchandise, s'il y a des
mines de fer, & de l'eau pour
les moulins ; & lorsqu'il y a des
pins & des sapins, on en tire
du godron & de la poix : les

II. Partie. R

drogues & les bois de senteur rendent beaucoup. Il en est de même du sel, de la soye, & de la soude. Il y a encore plusieurs autres choses; mais ne songez pas trop aux mines, sur-tout dans le commencement: elles coûtent trop, elles sont trompeuses; on est flatté de l'espérance d'un grand profit, & on néglige les autres affaires.

À l'égard du Gouvernement, il est bon qu'il soit entre les mains d'un seul, mais avec un Conseil. Il faut aussi qu'il y ait des Loix militaires avec quelques restrictions; sur-tout on doit tirer cet avantage, en vivant dans le désert, d'avoir sans cesse devant les yeux le culte du Seigneur.

Ne laissez pas le Gouvernement entre les mains d'un trop grand nombre de gens intéressés dans la Colonie, & qu'elle foit plûtôt gouvernée par des Gentils - hommes que par des Marchands; car ceux-ci n'ont d'attention qu'aux gains préfens. Qu'il y ait exemption de toutes taxes, jufqu'à ce que la Colonie foit bien accrûë ; & que non - feulement elle foit exemte de taxes, mais qu'il lui foit auffi permis (s'il n'y a quelque raifon contraire très-forte) de tranfporter fes denrées où bon lui femblera.

Ne furchargez pas la Colonie de trop d'hommes en les envoiant par groffes troupes ; mais apportez-y des hommes fuivant qu'elle diminuë, ou qu'elle fe foûtient , & des provifions au prorata. Plufieurs Colonies fe font perdues pour avoir fait leur établiffement trop près de la mer ou des rivieres. Il eft bon dans le commencement de ne pas trop s'en éloigner , pour

épargner les transports & d'autres inconveniens ; mais il vaut
mieux enfuite bâtir plus en dedans du pays dans une fituation
faine, que de fe placer dans des
lieux marécageux, & de mauvais air. Il eft auffi très-impor-
tant que la Colonie ait une
bonne provifion de fel pour fa-
ler les viandes.

Si vous faites votre Colonie
dans un pays de Sauvages, il ne
fuffit pas de les amufer avec des
bagatelles ; il faut en ufer avec
eux honnêtement & équitable-
ment, fans négliger cependant
de pourvoir à votre fureté : ne
gagnez point leur amitié en
leur aidant à attaquer leurs ennemis : mais vous pouvez les
protéger & les défendre.

Aiez foin d'envoier fouvent
quelques-uns des Sauvages dans
le pays d'où eft venuë la Colonie, afin de leur faire voir des

hommes policés , qui vivent dans une condition plus heureuse que la leur, & pour qu'ils puissent en loüer à leur retour là maniere de vivre.

Quand une fois la Colonie est en force, il est à propos d'y envoier des femmes pour peupler, afin de ne pas toûjours dépendre de dehors. Il n'y a rien de plus horrible, que d'abandonner une Colonie déja plantée ; outre la honte, c'est la perte infaillible de plusieurs malheureux.

DE L'EXPEDITION

DANS LES AFFAIRES.

UNE diligence affectée est pernicieuse dans les affaires, on peut la comparer à ce que les Médecins appellent *faisse digestion*, qui remplit l'estomac de crudités & d'humeurs propres à causer des maladies. Ne comptez donc pas par le tems que vous employez, mais par le progrès de l'affaire ; car comme la vîtesse de la course ne dépend point de faire de grands pas, ni de lever beaucoup les jambes, mais de courir également & sans relâche : de même l'expédition dans les affaires ne vient point d'embrasser trop de matiéres, mais de s'appliquer à bien ſuivre celle que l'on a priſe.

Il y a des gens qui ſe piquent d'être des grands travailleurs & fort expéditifs, & qui ne cherchent qu'à avancer. Mais c'eſt une choſe d'épargner du tems en abrégeant la matiere, & une autre en la tronquant. Quand les affaires qui demandent pluſieurs ſéances ſont ménagées de cette maniére, on eſt ordinairement obligé d'y revenir à pluſieurs fois. J'ai connu un homme d'eſprit qui ne manquoit guéres de dire, quand il voioit qu'on ſe preſſoit trop pour finir, *attendez un peu, vous acheverez plus vîte.* D'un autre côté la vraie expédition eſt certainement une choſe très-précieuſe : le tems eſt le prix des affaires, comme l'argent eſt le prix des marchandiſes. Les affaires deviennent cheres, quand l'expédition n'eft pas prompte. Les Lacédémoniens & les Efpagnols font remarquables par leur lenteur: *Me venga la muerte de Efpanna*, alors elle arrivera tard.

Prêtez bien l'oreille à ceux qui vous donnent les premiers avertiffemens d'une affaire ; aidez-les à s'expliquer fans interrompre le fil de leur difcours. Celui qu'on empêche de fuivre l'ordre qu'il s'étoit propofé, ne va plus que par fauts & par bonds ; & pour fe donner le tems de rappeller fes idées, il devient plus long qu'il ne l'eût été, s'il avoit fuivi fa route: quelquefois celui qui veut redreffer eft plus ennuieux que celui qui s'égare. Les répétitions font perdre du tems ; mais on en gagne par la répétition de l'état de la queftion qui épargne dans une affaire beaucoup d'autres difcours inutiles. Les

difcours prolixes font auffi contraires à l'expédition , qu'une
robe longue à la courfe.

Les difcours préliminaires ,
les digreffions , les excufes ,
les complimens , & ce qui ne
regarde enfin que la perfonne
qui parle , fait perdre beaucoup
de tems ; & quoique tout cela
paroiffe un effet de modeftie,
la vanité y a toute la part. Prenez garde cependant de ne pas
trop vous enfoncer d'abord
dans l'effentiel de l'affaire , fur-
tout fi vous remarquez qu'elle
ne foit pas goûtée par les autres. Car pour un efprit préoc-
cupé, il eft befoin de préface,
comme de fomentation, pour
que l'onguent pénétre ; fur-
tout l'ordre, la diftribution, &
la jufte divifion des parties de
l'affaire, eft la vie de l'expédition, pourvû que la diftribution ne foit pas trop fubdivifée.

Celui qui ne divife pas, n'entrera jamais au fond de l'affaire, & celui qui la divife trop, n'en fortira jamais bien. Rien n'épargne plus le tems que de le fçavoir bien prendre; une propofition faite à contre-tems s'en va en fumée.

Il y a trois parties dans les affaires, la préparation, l'examen, & la perfection. L'examen feul doit être l'ouvrage de plufieurs jours, & les deux autres d'un petit nombre.

Mettre par écrit quelques points principaux de l'affaire, contribue ordinairement à l'expédition; car, quand on rejetteroit votre écrit, cette efpéce de négative vaut cependant mieux pour en tirer confeil, comme les cendres font plus génératives que la poufliére.

DU DELAI

DANS LES AFFAIRES.

LA fortune eſt ſouvent comme le marché où l'on ache-
te a plus bas prix en attendant
un peu; quelquefois auſſi elle
eſt comme les livres de la Sybi-
le: d'abord on peut avoir le
tout au même prix qu'elle demande : dans la ſuite pour une
partie ; car l'occaſion, ſuivant
ce qu'on en dit communément,
eſt chauve par derriere , ou ſemblable à une bouteille qui écha-
pe des mains, ſi on ne la ſaiſit
par le col.

Le ſublime de la prudence
conſiſte à connoître l'inſtant où
l'on doit commencer.

Les dangers en ſont plus

grands, lorfqu'ils paroiffent petits. Ils trompent plus fouvent
qu'ils ne forcent. Il vaut quelquefois mieux aller à leur ren-
contre que d'être trop long-
tems fur fes gardes. Celui qui
veille trop, court rifque de s'af-
foupir ; mais celui qui par des
précautions prématurées attire,
pour ainfi dire, le danger, com-
met une faute dans l'autre ex-
trémité. Il lui peut arriver,
comme à ceux qui fe laiffant
abufer par la lueur de la lune
qui donnoit au dos de leurs ennemis & jettoit leur ombre en
avant, les faifoit paroître plus
près, & qui tirerent leur coup
trop-tôt. Il faut bien examiner,
comme je l'ai déja dit, fi l'affaire eft dans fa maturité. Il eft bon
dans celles qui font d'une grande importance qu'Argus foit
chargé du commencement, &
Briarée de la fin: Premiérement

examiner, veiller, & enfuite
agir promptement. Le cafque
de Pluton qui rend la politique
invincible, n'eft autre chofe,
que le fecret dans les deffeins,
& la diligence dans l'exécution;
car dans l'exécution, le fecret
n'eft pas comparable à la diligence : quelquefois même la
promptitude emporte le fecret
avec foi, de même que la bale
de moufquet fe dérobe aux
yeux par fa vîteffe.

DE LA

NEGOCIATION.

IL vaut mieux généralement négocier de bouche, que par lettres ; & plûtôt par personnes tierces, que par soi-même. Les lettres sont bonnes, lorsqu'on veut s'attirer une réponse par écrit, ou quand il peut être utile de garder par devers soi les copies de celles qu'on a écrites, pour les représenter en tems & lieu ; ou enfin lorsqu'on peut craindre d'être interrompu dans son discours. Au contraire, quand la présence de celui qui négocie imprime du respect, & qu'il traite avec son inférieur, il vaut mieux qu'il parle & qu'il négocie lui-même.

Il est bon aussi que celui qui a
envie qu'on lise dans ses yeux
ce qu'il ne veut pas dire, négocie par lui-même; ou enfin lorsqu'il veut se reserver la liberté
de dire & d'interpréter ce qu'il
a dit.

Quand on négocie par un
tiers, il vaut mieux choisir quelqu'un d'un esprit simple, qui
exécutera vraisemblablement
les ordres qu'il aura reçus, &
qui rendra fidelement la con-
versation, que de se servir de
personnes adroites à s'attirer
l'honneur, ou le profit par les
affaires des autres; & qui dans
leurs réponses, ajoûteront pour
se faire valoir, ce qu'ils jugeront
qui pourra plaire davantage.
Prenez aussi par préference
ceux qui souhaitent l'affaire
pour laquelle ils sont emploiés;
cela aiguise l'industrie. Cherchez encore avec soin ceux de

qui le caractére convient le plus
pour l'affaire dont vous les vou-
lez charger, comme un audacieux pour faire des plaintes &
des reproches, un homme doux
pour perfuader, un homme fin
pour découvrir & obferver, un
homme fantafque, entier, &
point trop poli pour une affaire
qui a quelque chofe de dérai-
fonnable & d'injufte. Emploiez
par préférence ceux qui ont déja réuffi dans vos affaires ; ils
auront plus de confiance, &
feront tout leur poffible pour
foutenir l'opinion déja établie
de leur capacité. Il vaut mieux
fonder de loin celui à qui vous
avez à faire, que d'entrer en
matiere tout d'un coup, à
moins que vous n'aiez deffein
de le furprendre par quelque
queftion courte & imprévue. Il
vaut mieux auffi négocier avec
ceux qui défirent & qui cherchent

chent quelque chofe , qu'avec ceux qui font contens de leur fortune. Dans un traité où les demandes font réciproques, celui qui obtient le premier ce qu'il a fouhaité , a quinze fur la partie. Mais il ne peut raifonnablement exiger cette grace , fi la nature de l'affaire ne le demande elle-même , ou s'il n'a pas l'adreffe de faire voir à celui avec lequel il traite , qu'il pourroit à fon tour avoir befoin de lui dans d'autres occafions ; ou enfin s'il n'eft regardé comme un homme d'une bonne foi, & d'une intégrité parfaite. Le but de toutes les négociations eft , de découvrir ou d'obtenir quelque chofe. Les hommes fe découvrent ou par confiance, ou par colére, ou par furprife, ou par néceffité ; c'eft-à-dire , lorfqu'on met quelqu'un dans l'impoffibilité de

II. Partie.   **S**

trouver des faux-fuians, ni d'aller à ses fins sans se laisser voir à découvert. Pour gagner un homme, il faut connoître son naturel & ses manieres ; pour le persuader, il faut sçavoir la fin où il bute ; & pour lui faire peur, il faut connoître ses foiblesses, & ses désavantages : ou enfin il faut gagner les personnes qui ont le plus de pouvoir sur l'esprit de celui à qui vous avez à faire, afin de le gouverner par cette voie. Lorsqu'on négocie avec des gens artificieux, il est important de considérer leurs desseins, pour interpréter leurs paroles. Il est bon aussi de ne leur dire que peu de chose, & ce à quoi ils s'attendent le moins. Mais on ne doit pas penser dans les négociations difficiles, qu'il soit possible de semer & de recueillir aussi-tôt. Car il faut préparer les affaires, & qu'elles mûrissent par dégrés.

DE L'AUDACE.

CECI est une proposition scolastique & de petite conséquence ; mais si on l'examine d'un certain côté , elle peut mériter la considération d'un homme sage. On demandoit à Demosthéne , quelle étoit la partie principale d'un Orateur ? Il répondit : *L'action.* Quelle est la seconde ? *L'action.* Quelle est la troisiéme ? *L'action.* Personne n'a mieux connu que lui le pouvoir de cette faculté ; cependant il n'avoit pas naturellement ce qu'il trouvoit si nécessaire dans un Orateur. Il est étonnant qu'une partie superficielle , & qui sembleroit plûtôt la vertu d'un comédien , foit cependant placée au-deffus de l'invention, de l'éloquence, & des autres qualités qui paroiffent bien plus nobles, & qu ela feule action foit comme le tout dans un Orateur. Cela vient de ce qu'il y a dans les hommes beaucoup plus de folie que de fageffe ; & par conféquent les facultés qui touchent leur folie, font bien plus propres à faire impreffion fur eux. Il en eft de l'audace dansles affaires, comme de l'action dans le difcours. Quelle eft la premiere chofe néceffaire dans les affaires ? L'audace. La feconde? L'audace : & de même la troifiéme. L'audace vient cependant de l'ignorance & du petit génie, mais elle entraîne ceux qui ont peu de jugement ou peu de courage, qui font toujours le plus grand nombre ; & même fort fouvent elle gagne

les plus fages, fur tout dans le
tems où ils font encore en doute. C'eft pour cela que dans
les Etats populaires nous lui
voions quelquefois faire des
miracles. Mais elle a ordinairement moins de crédit fur un Sénat ou fur un Prince.

Un audacieux brille toûjours
plus dans le commencement
des affaires, que dans la fuite;
car il lui arrive fouvent de ne
pas tenir fa promeffe. Comme
il y a des Charlatans pour le
corps naturel, il y en a de même
pour le corps p olitiue ; des
gens entreprenans qui par hazard ont réuffi deux ou trois
fois, mais qui manquant de
fonds, demeurent en chemin à
la fin. Vous verrez fouvent un
audacieux faire le miracle de
Mahomet. Il avoit promis &
perfuadé au peuple qu'il alloit
obliger une montagne de venir

à lui ; il devoit prier fur cette montagne pour ceux qui garderoient fidélement fa loi. Le peuple affemblé, Mahomet appelle la montagne, mais voiant qu'elle reſtoit au même lieu, fans fe montrer embarraſſé en aucune façon : *Puiſque la montagne*, dit-il, *ne veut pas venir à Mahomet, Mahomet ira à la montagne.* Les gens de cette efpéce, lorſqu'ils manquent vilainement à ce qu'ils ont promis, s'ils poſſédent l'audace dans toute fon étenduë, ne fe troublent point du mauvais fuccès de leur avanture, & vont toûjours leur train ordinaire. Les hommes de jugement fe mocquent des audacieux, qui ont même à l'égard de tout le monde quelque chofe de ridicule ; car l'abſurdité eſt un juſte fujet de mocquerie, l'audace fans doute n'en eſt point

exemte. Sur-tout rien n'eft plus
propre à faire rire qu'un audacieux déconcerté. L'effet ordinaire de l'embarras eft d'agiter
les efprits, mais pour un audacieux, il refte immobile, inter-
dit, comme un joüeur d'échets,
qu'on a fait échec & mat au milieu de fes pieces. Mais ceci
convient davantage à la fatire,
qu'à des réfléxions férieufes. Il
faut confidérer que l'audace eft
aveugle ; qu'elle ne voit point
les dangers, ni les inconveniens. C'eft pour cela qu'un
audacieux peut être bon en fecond ; mais jamais pour les premieres places. Il eft bon de voir
les dangers pendant qu'on dé-
libére, & de ne les point voir
dans l'exécution, à moins qu'ils
ne foient très-éminens.

DES

NOUVEAUTE'S.

LES nouveautés que le tems fait éclore, reffemblent aux animaux qui ne font pas encore bien formés à leur naiffance. Cependant comme les premiers qui introduifent des honneurs dans leurs familles font prefque toûjours plus illuftres que leurs fucceffeurs, de même auffi tous les bons commencemens ne fe foûtiennent pas dans la fuite. Car, dans la nature humaine, le mal devient plus confidérable par la continuation ; mais le bien, comme une chofe furnaturelle, eft plus puiffant dans fon commencement.

Toute

Toute médecine eſt une nouveauté. Celui qui ne veut pas de nouveaux remédes, doit s'attendre à de nouveaux maux. Le tems eſt le grand innovateur ; mais ſi le tems par ſa courſe empire toutes choſes, & que la prudence & l'induſtrie n'apportent pas des remédes, quelle fin le mal aura-t'il ?

Ce qui eſt établi par coûtume, ſans être trop bon, peut cependant convenir ; parce que le tems & les choſes qui ont marché long-tems enſemble, ont contracté, pour ainſi dire, une alliance : au lieu que les nouveautés, quoique bonnes & utiles, ne quadrent pas ſi bien, & ſont incommodes par la nonconformité. Elles reſſemblent aux Etrangers qui ſont plus admirés & moins aimés. Tout ceci ſeroit ſans replique, ſi le tems s'arrêtoit ; mais il marche toû-

II. Partie. T

jours. Son instabilité fait qu'une coûtume fixe est aussi propre à troubler, qu'une nouveauté ; & souvent le siécle présent trouve ridicule & méprise les usages du siecle passé.

Il seroit prudent de suivre l'exemple du tems. Il introduit des choses nouvelles ; mais peu à peu, & presque insensiblement. Sans cela tout ce qui est nouveau surprend & bouleverse. Celui qui gagne au changement, remercie la fortune & le tems ; mais celui qui y perd, s'en prend à l'Auteur de la nouveauté. Il est bon de ne pas faire de nouvelles expériences pour raccommoder un Etat sans une extrême nécessité & un avantage visible. Il faut aussi prendre garde que ce soit le désir de réformer qui attire le changement, & non pas le désir du changement qui attire la réforme.

Toute nouveauté , si elle n'est
pas rejettée, doit du moins être
suspecte. L'Ecriture sainte dit :
Stemus super vias antiquas, atque
circumspiciamus quæ sit via bona
& recta, & ambulemus in eâ.

F I N.

T ij

TABLE

DES TRAITEZ

CONTENUS

Dans cette seconde Partie.

Fin de la Table des Traités
de la Seconde Partie.

Imprimé en France
FROC030106191020
25456FR00012B/254